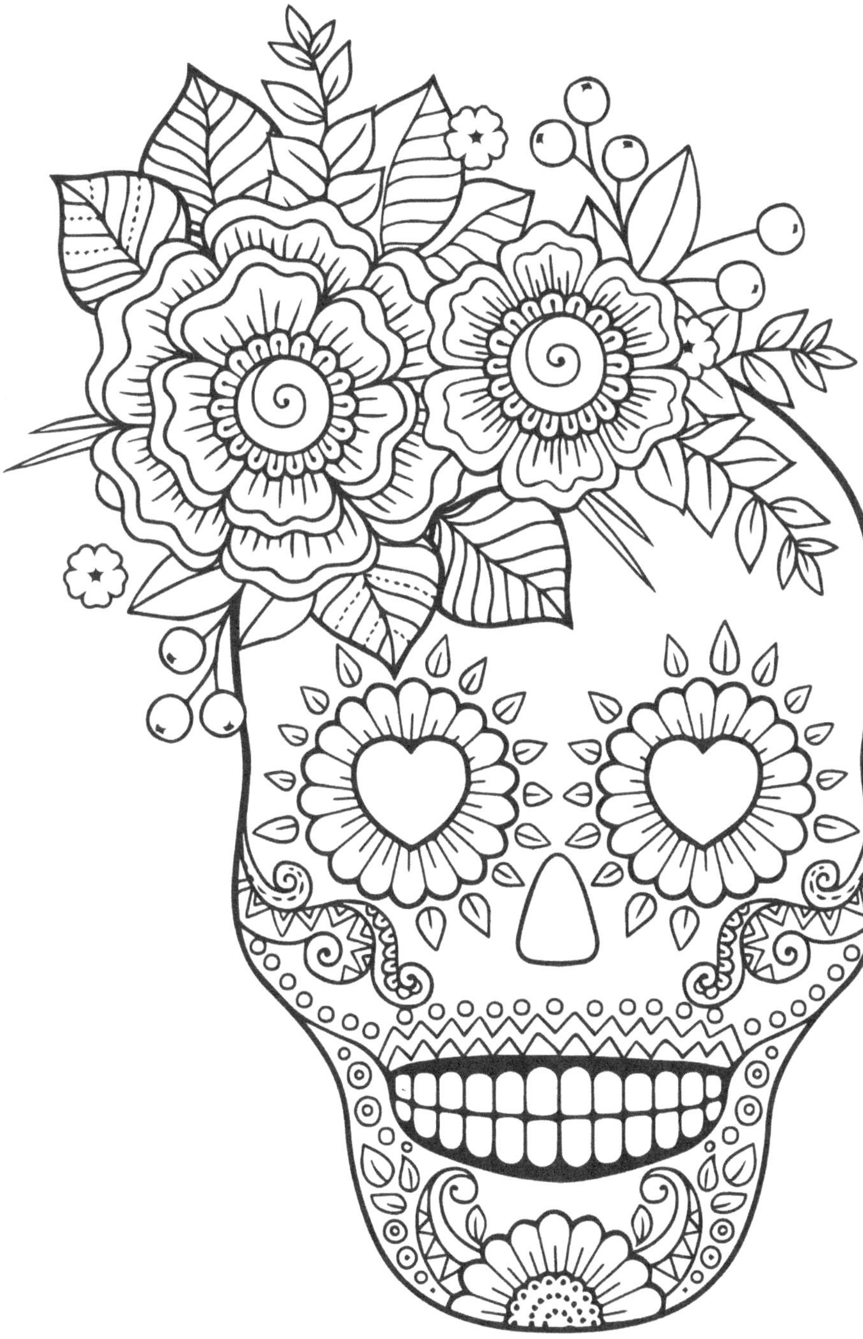

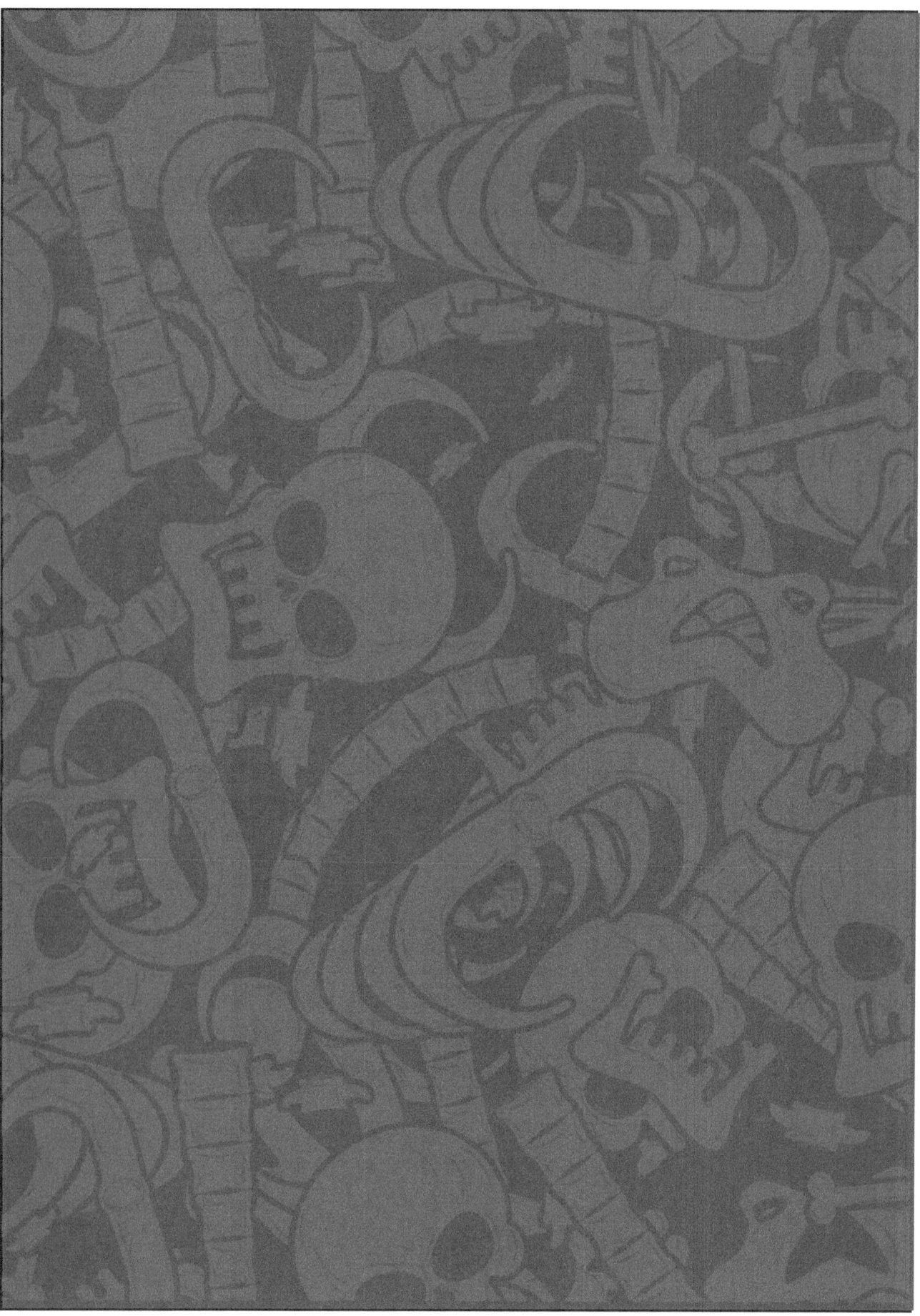

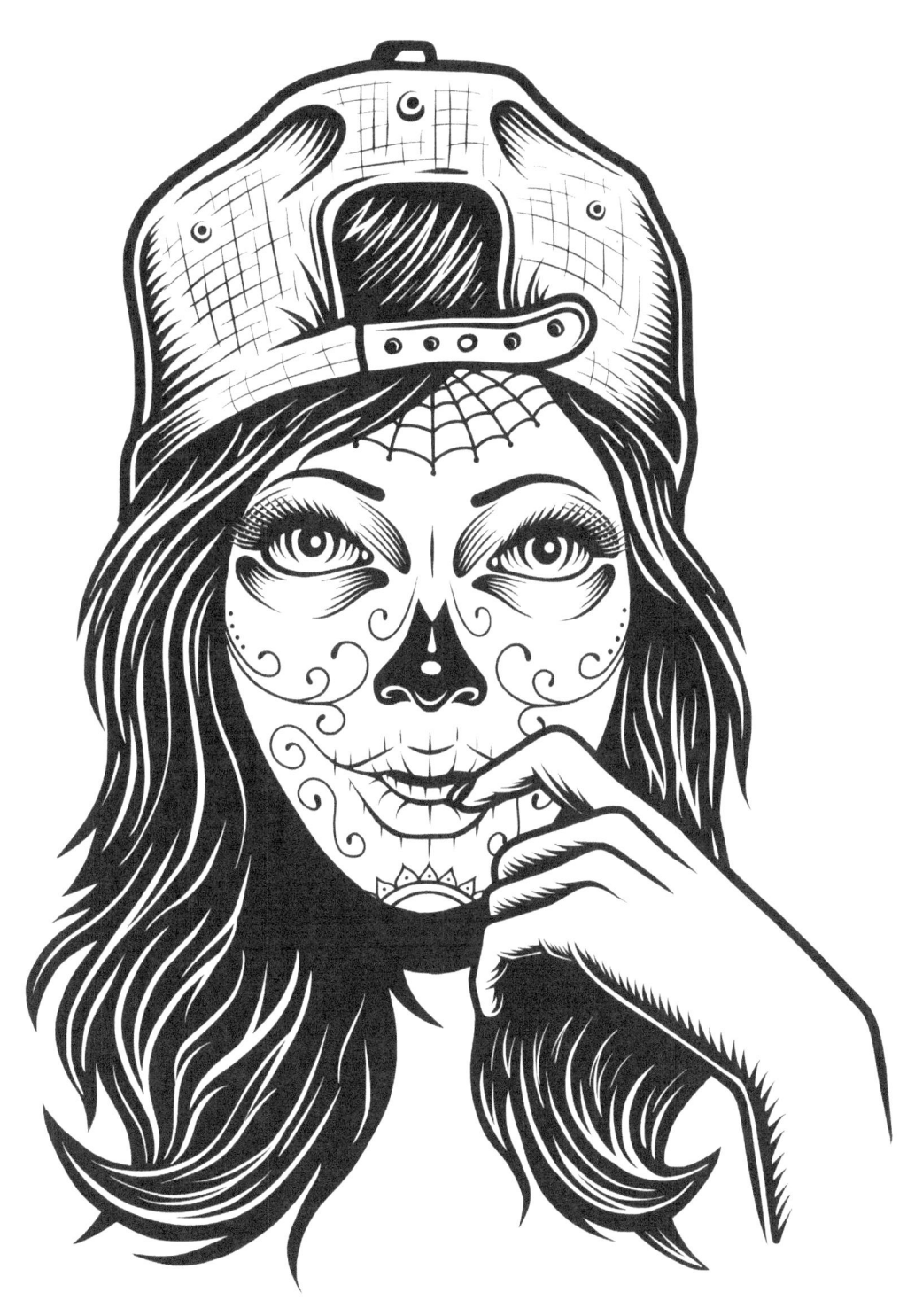

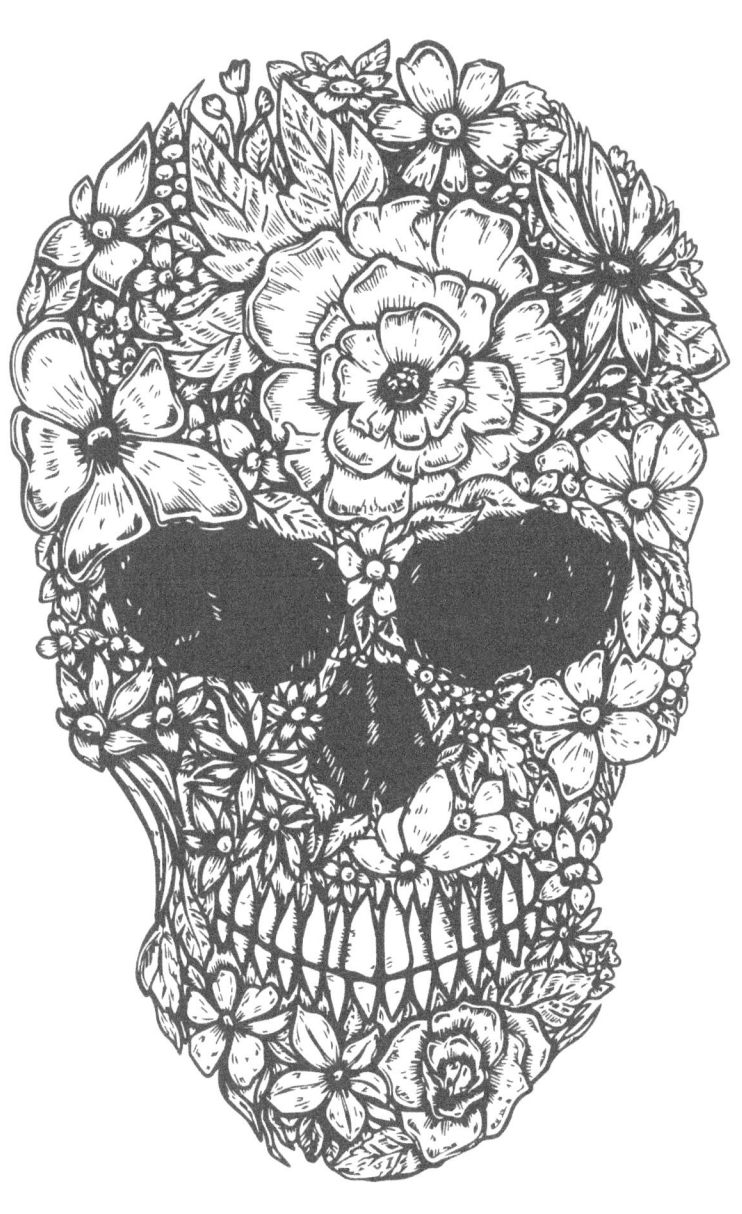

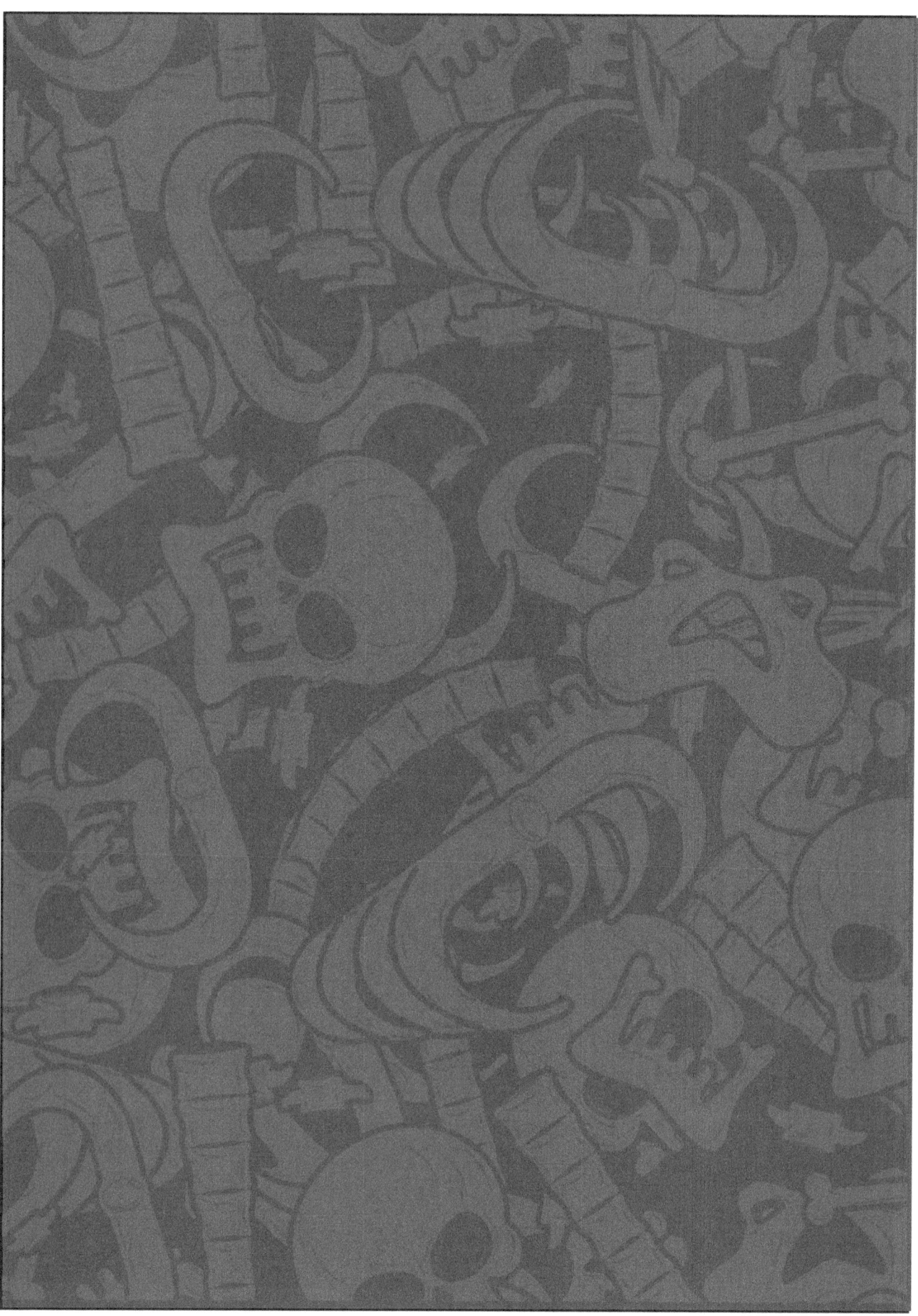

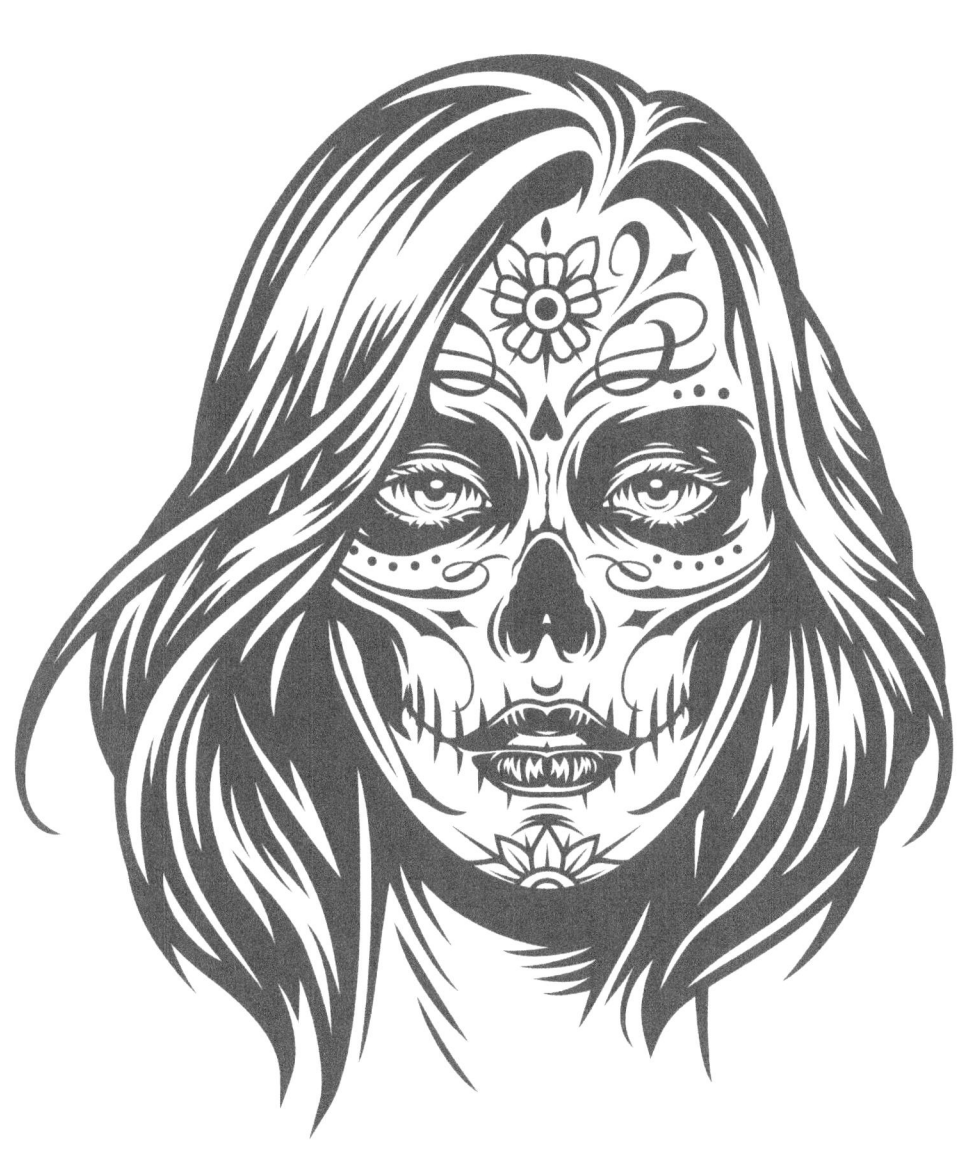

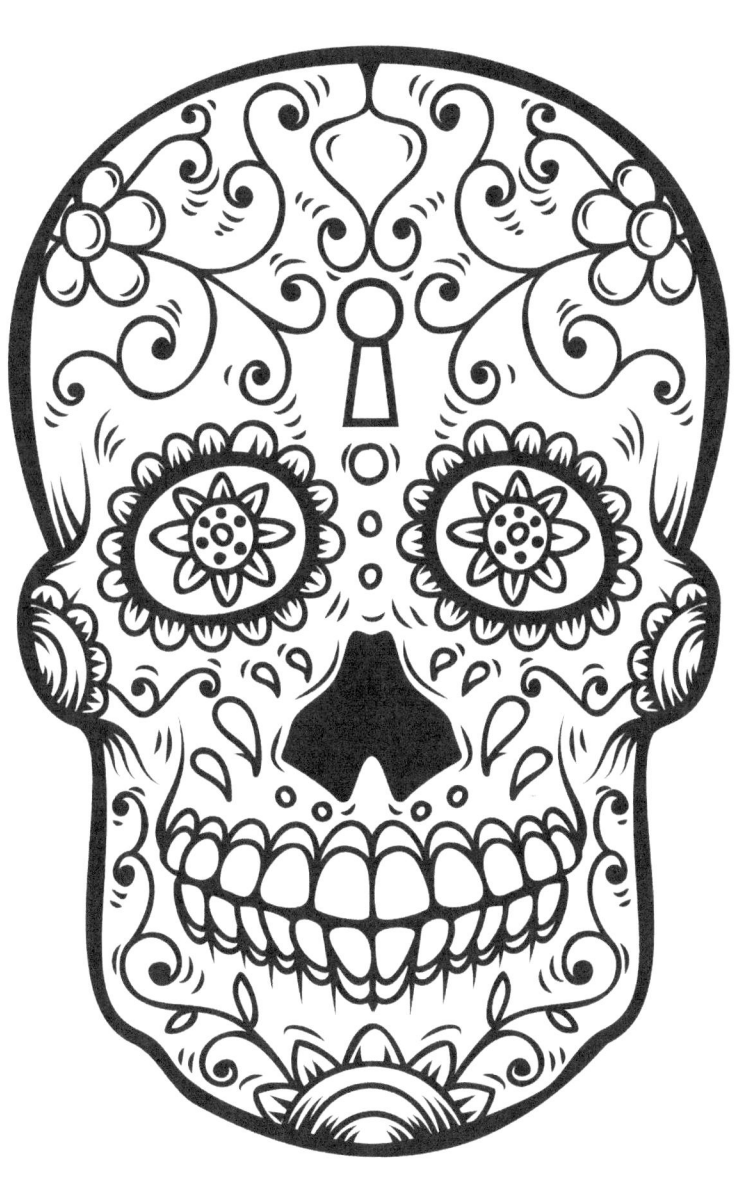

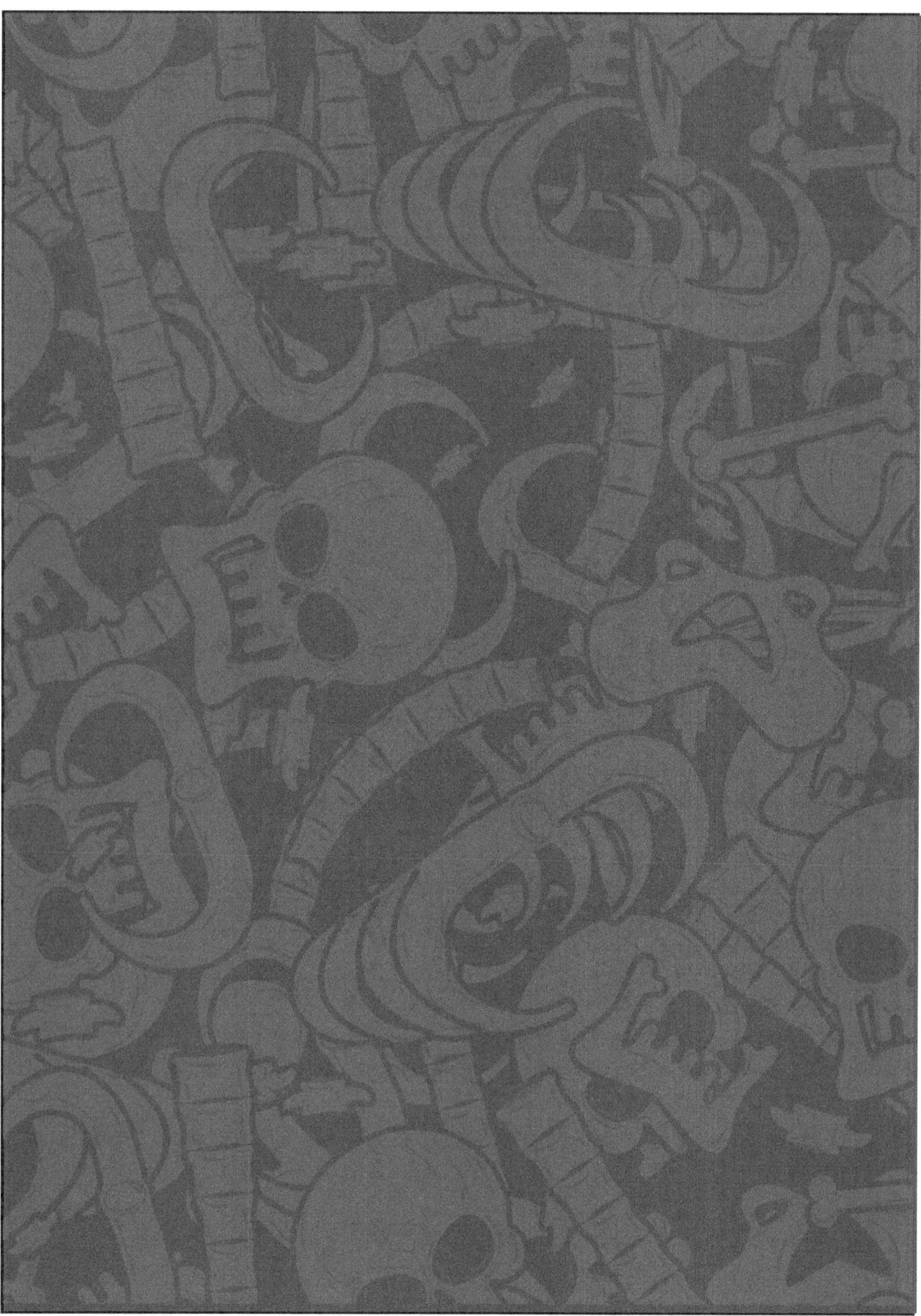

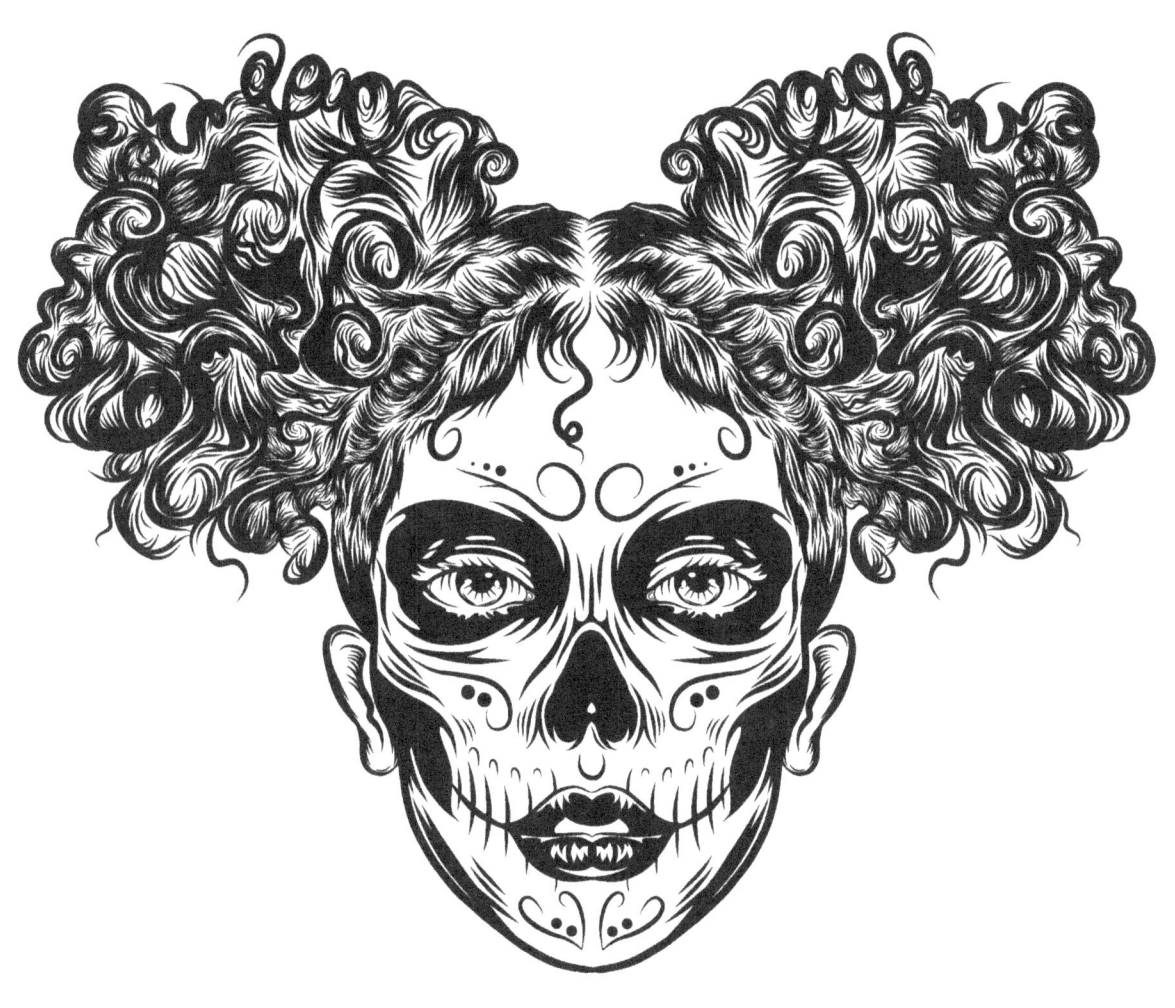

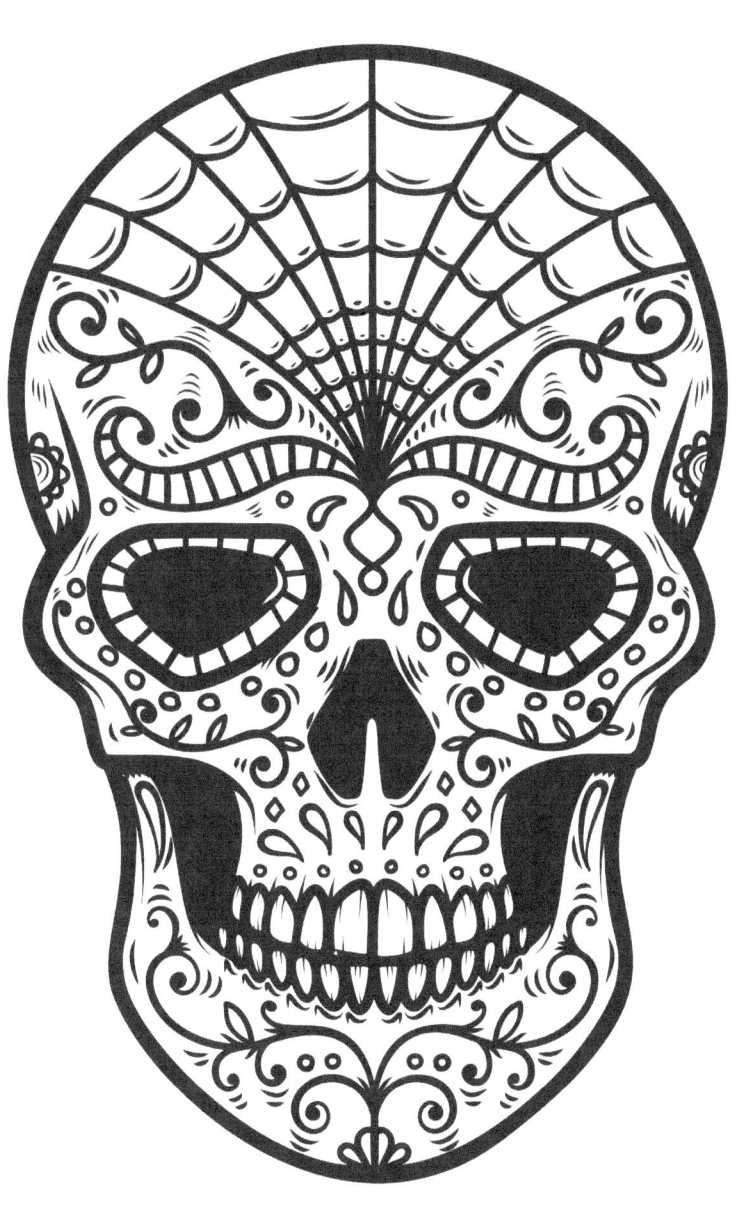

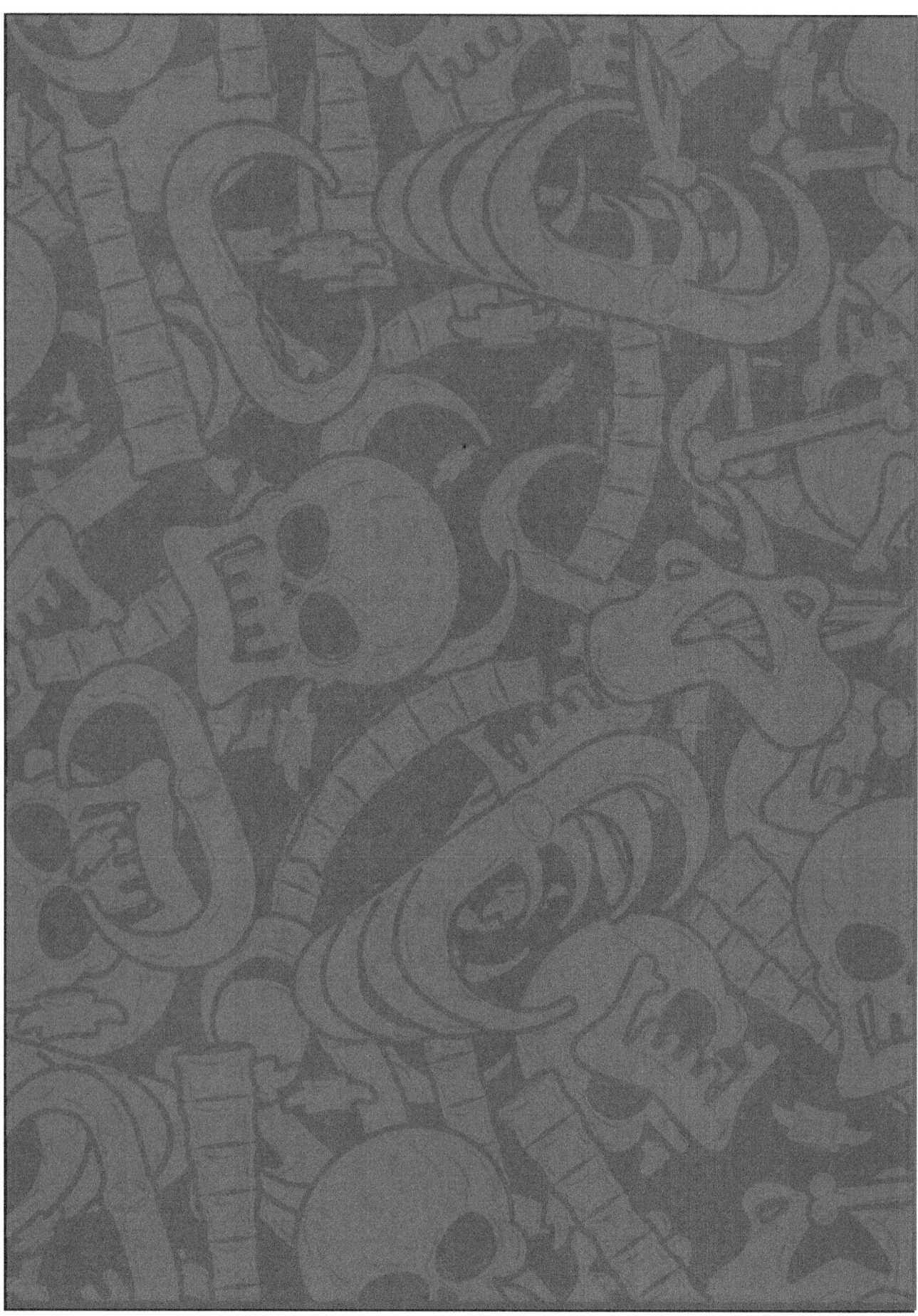

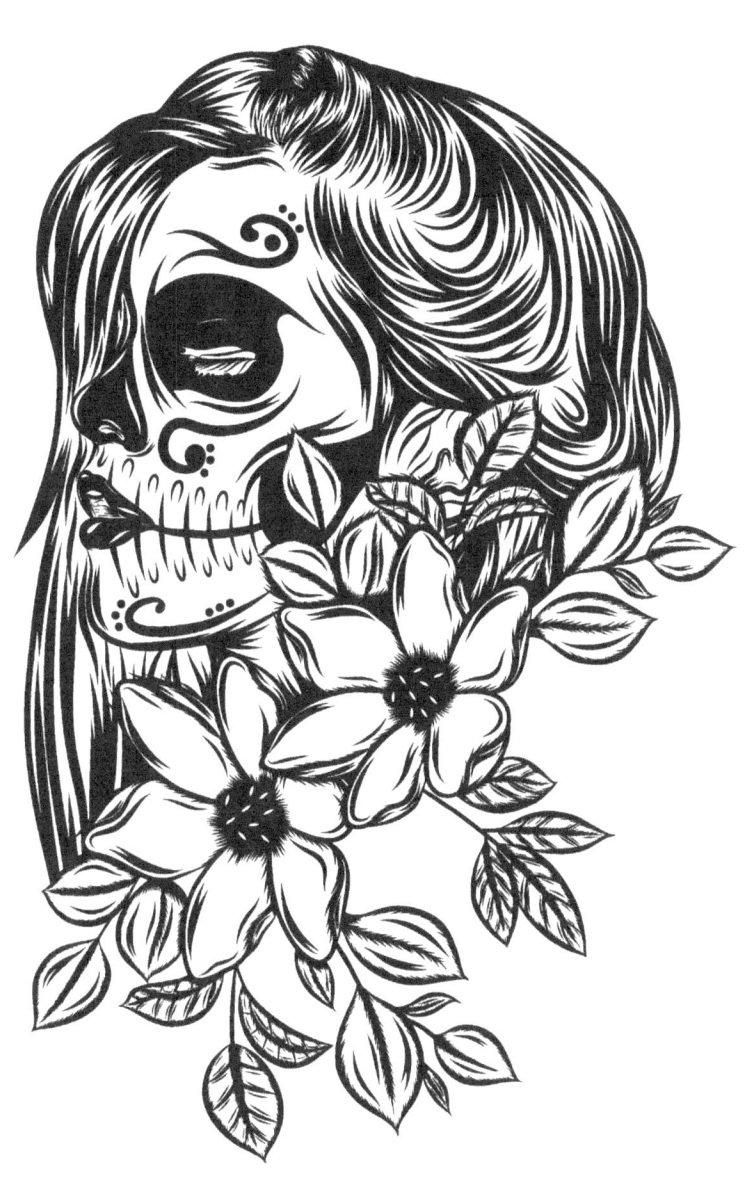

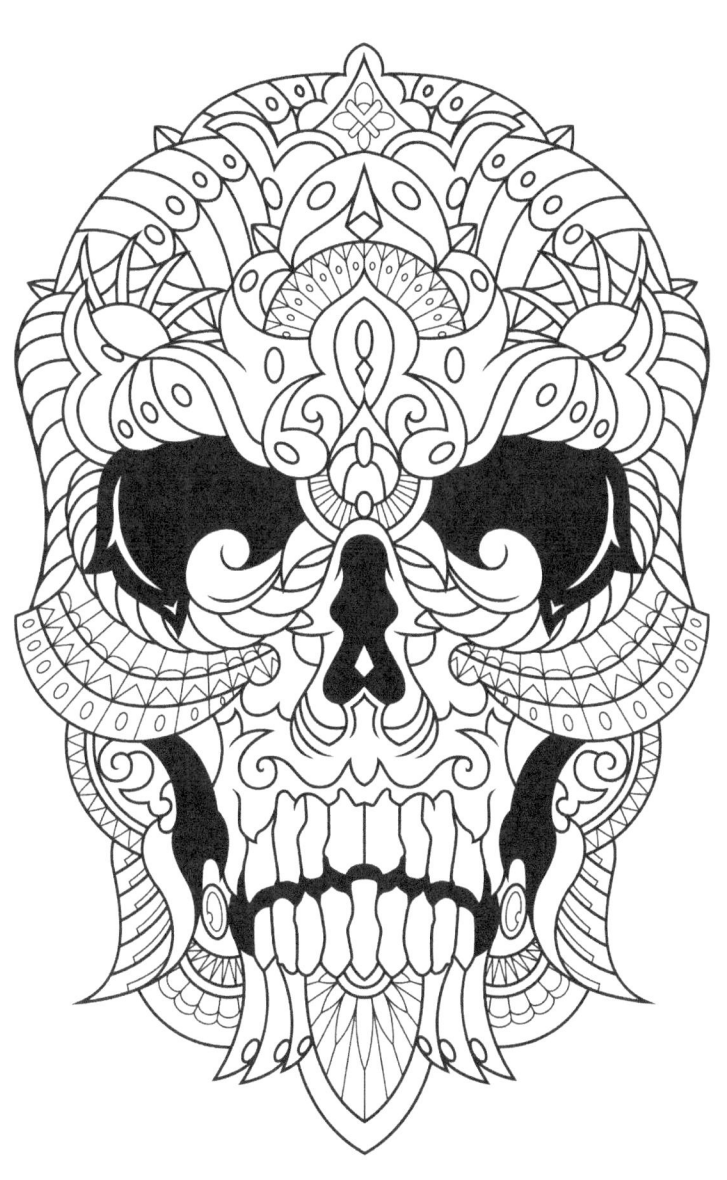

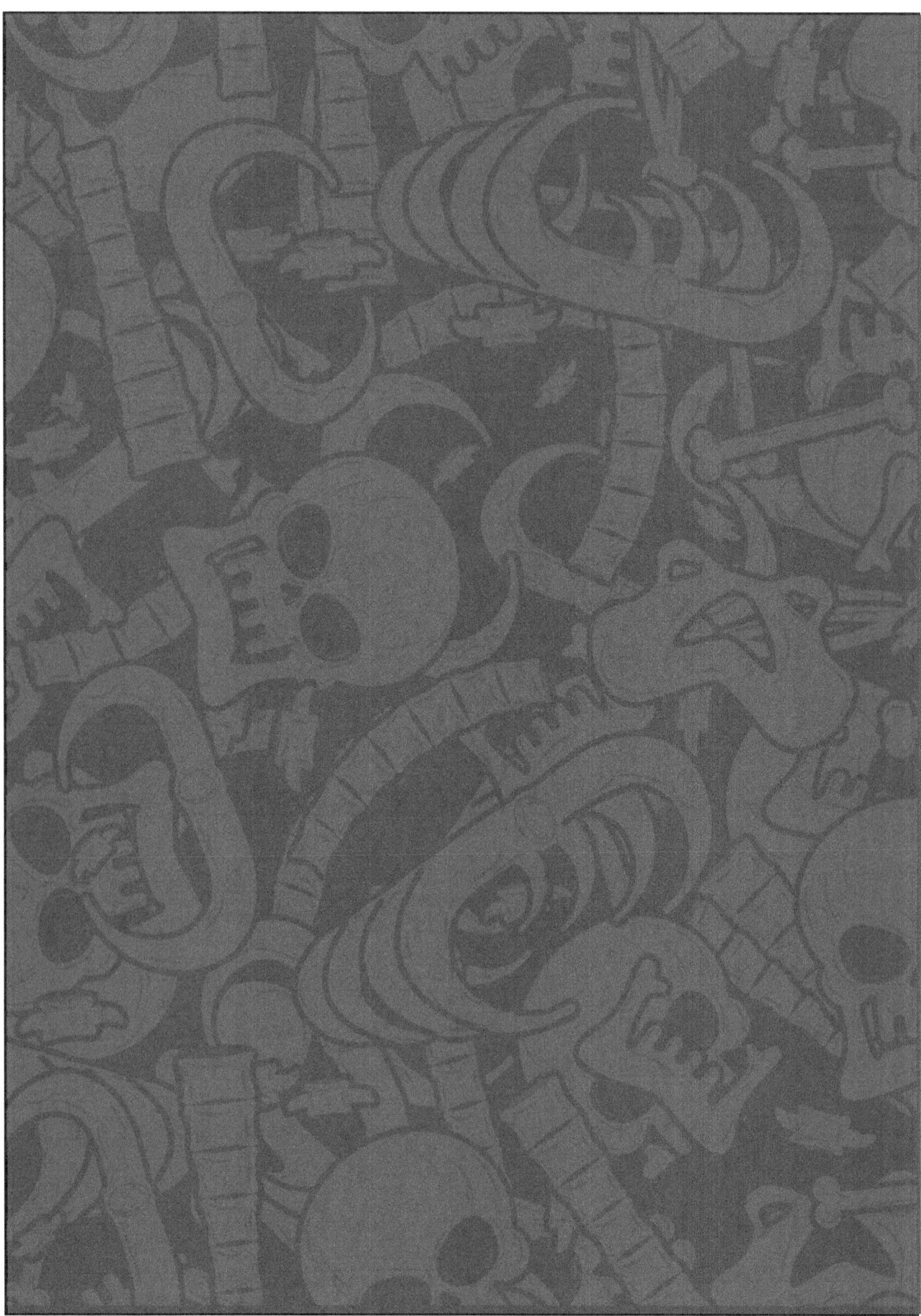

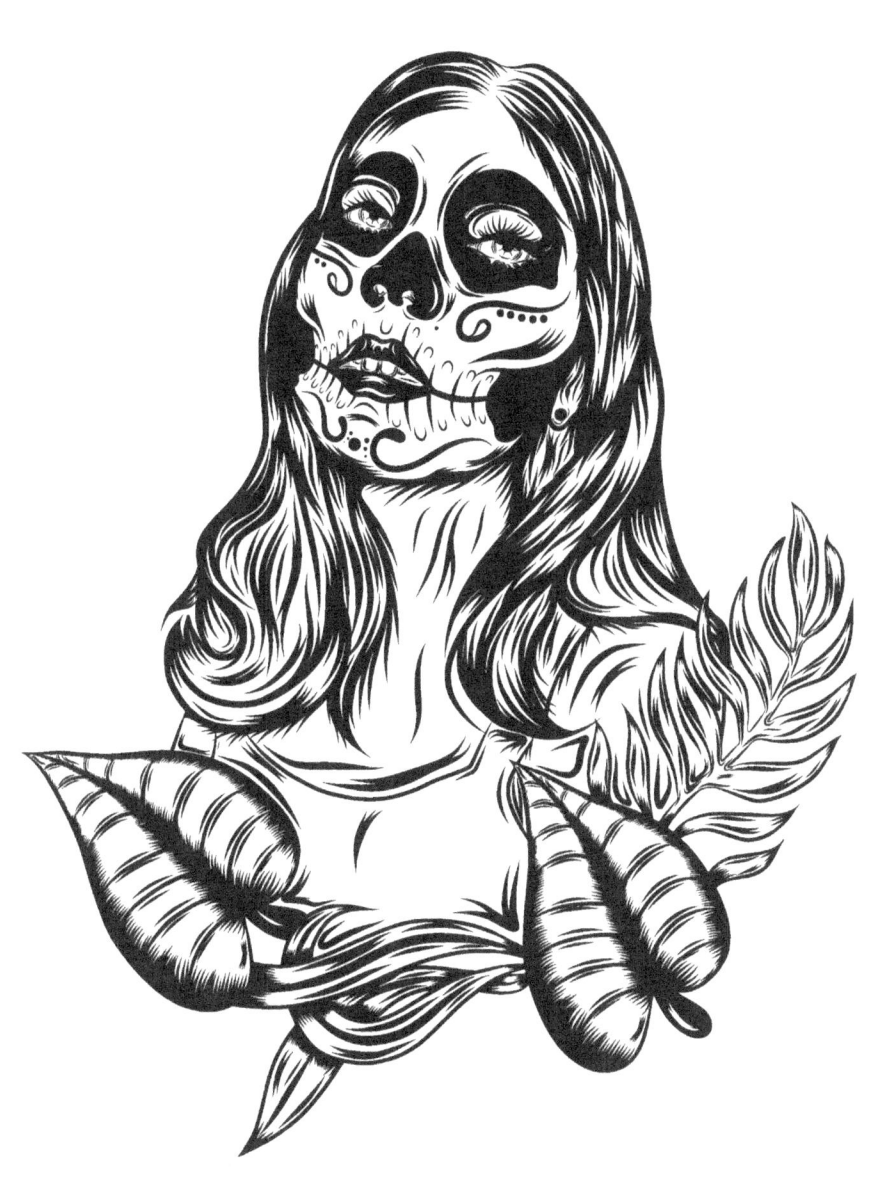

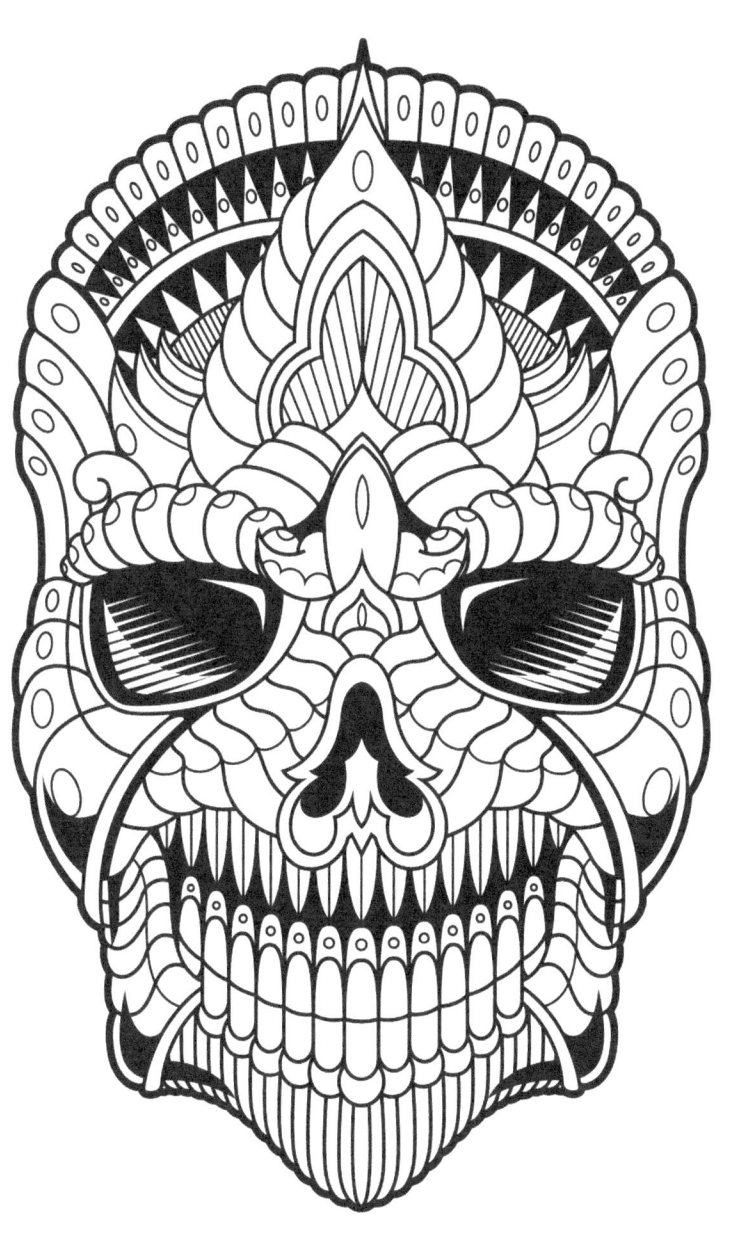

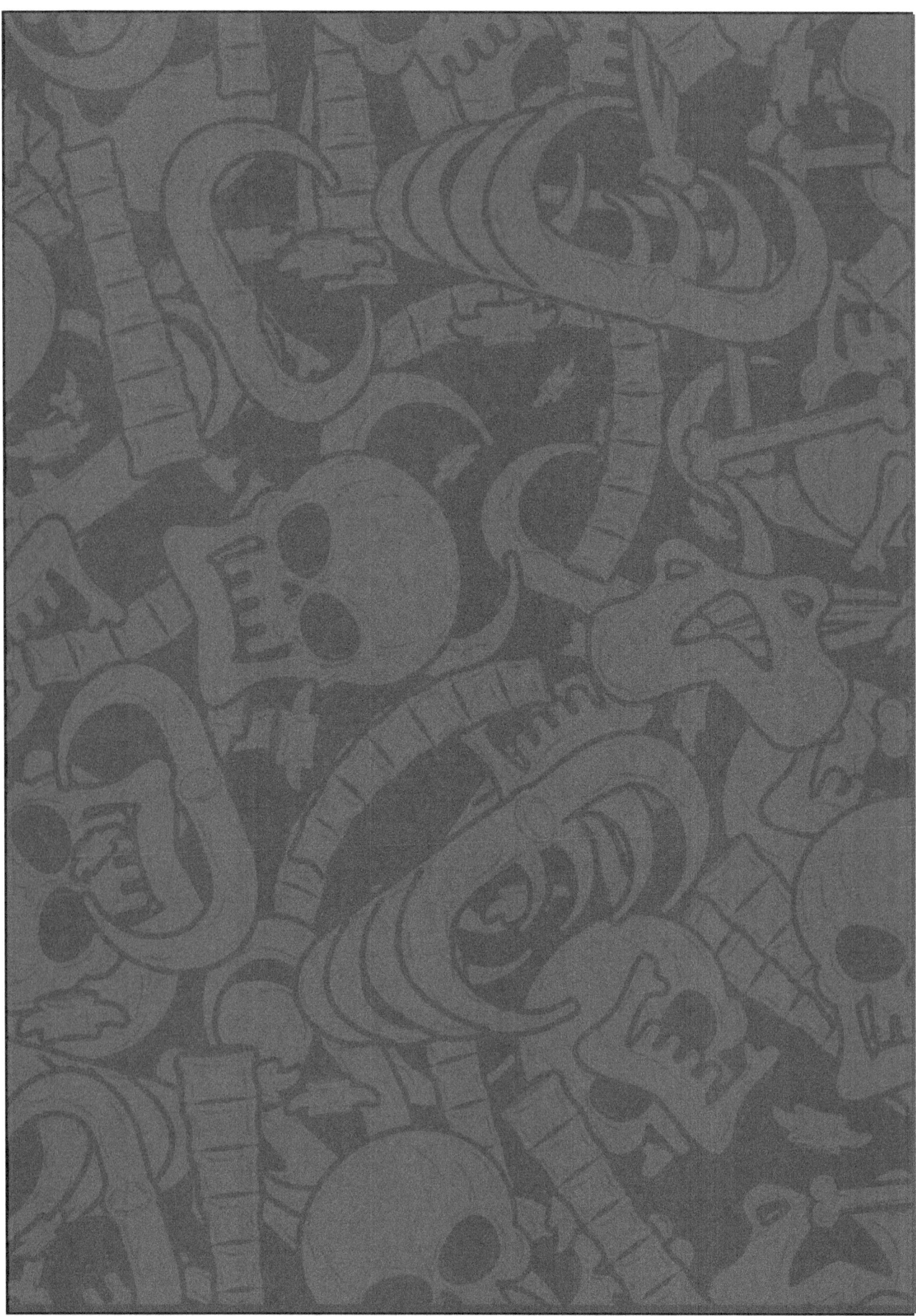

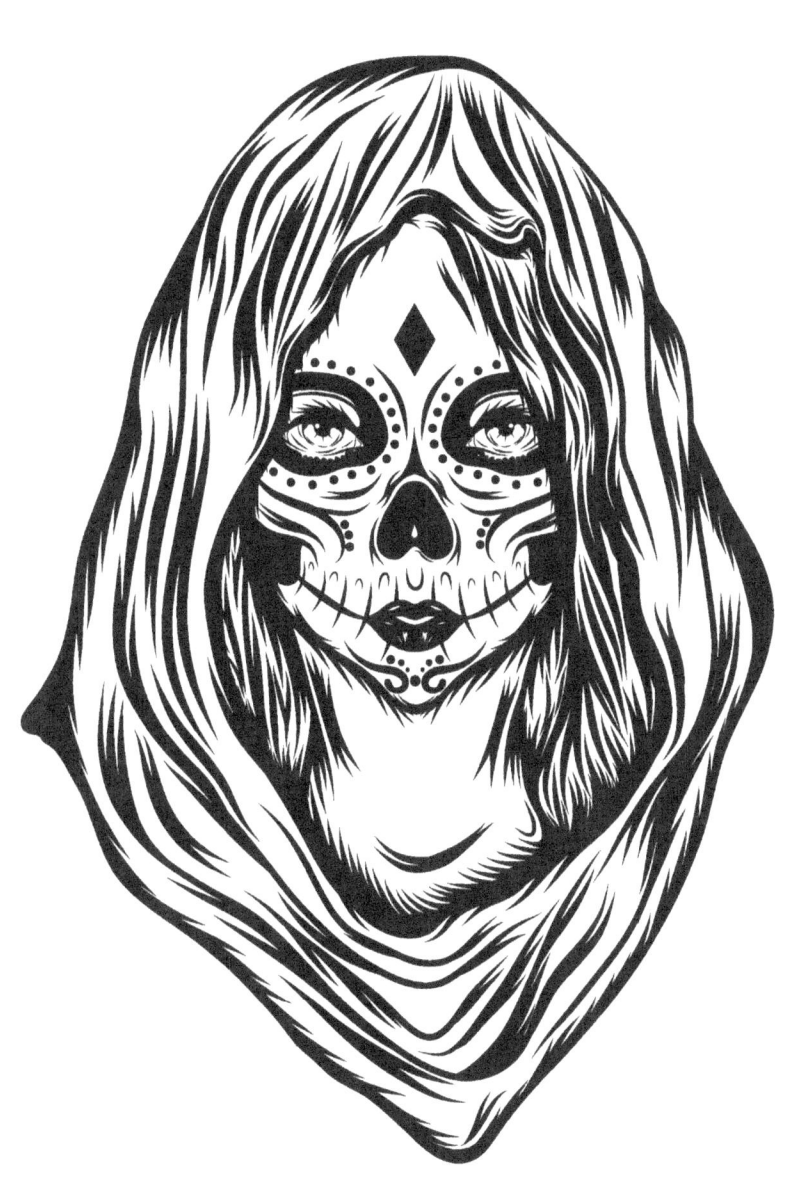

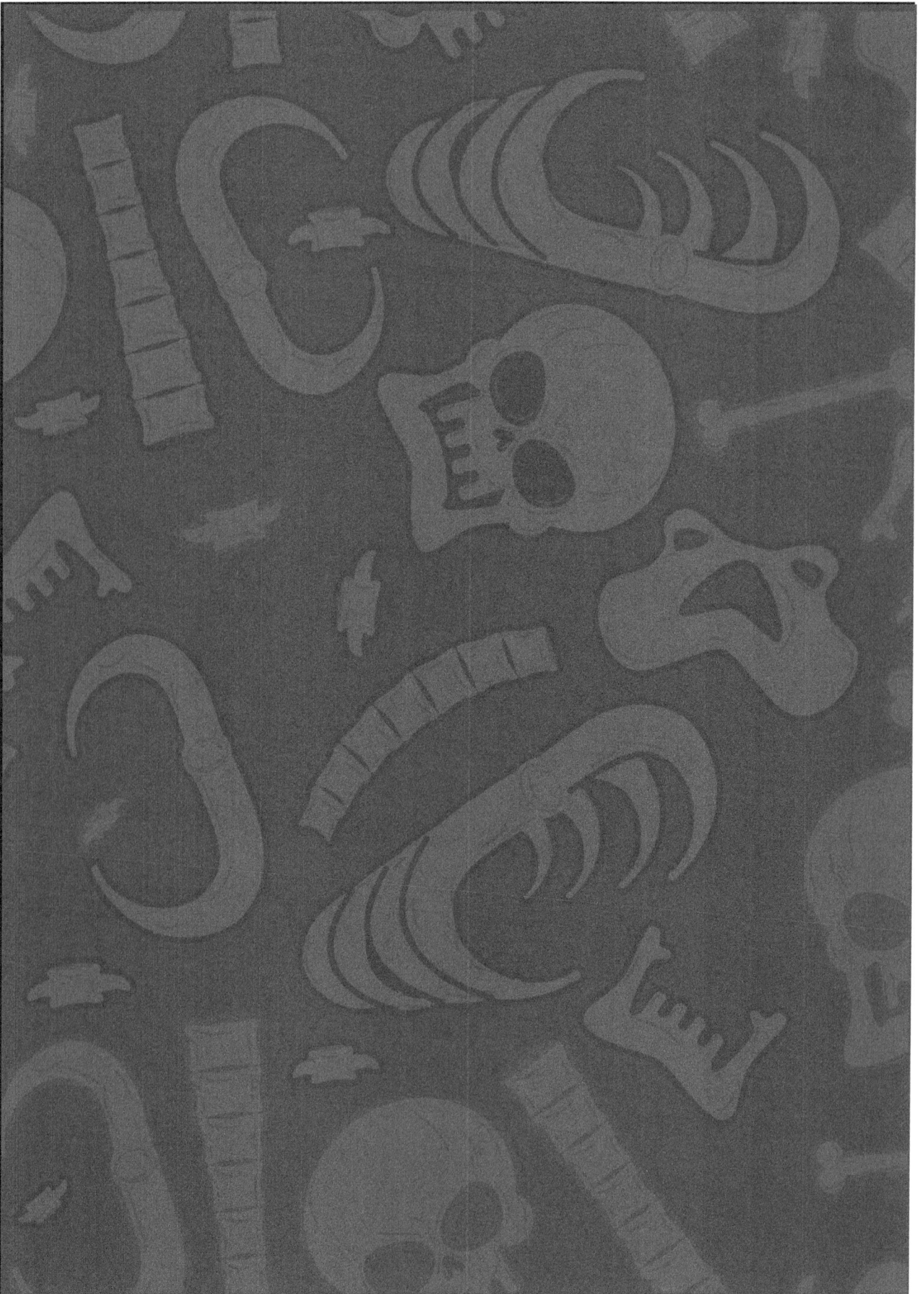

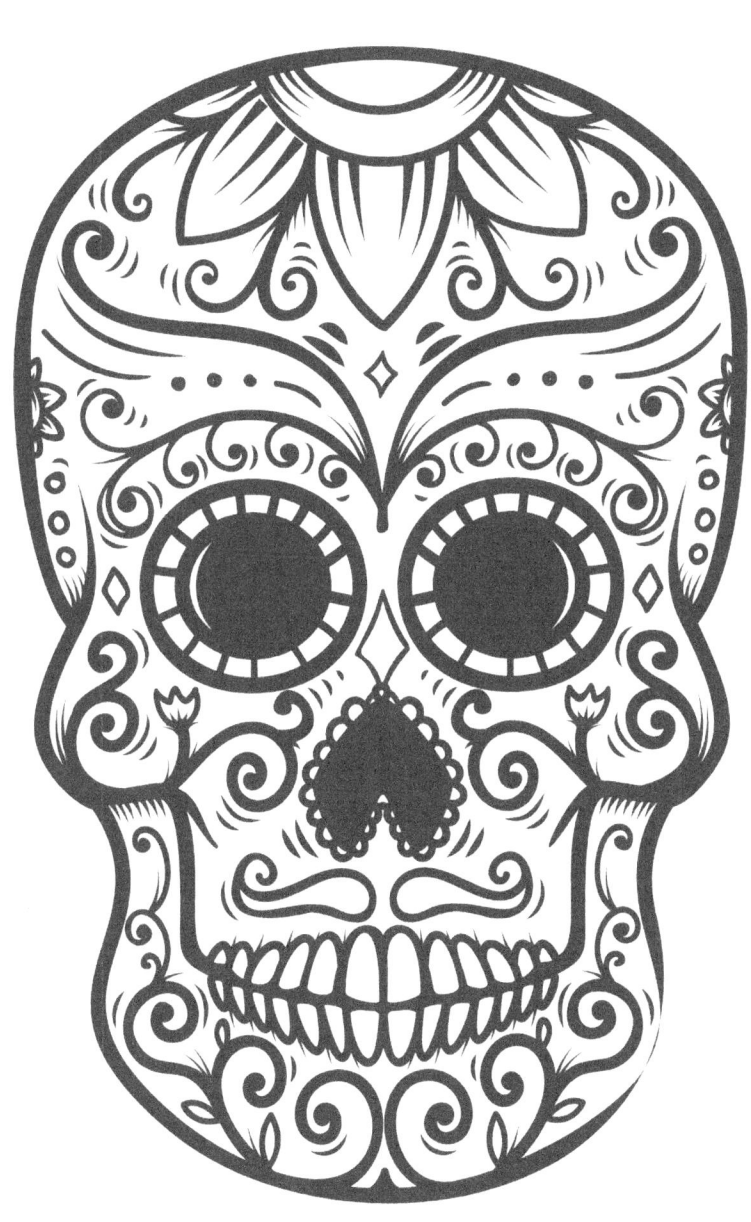

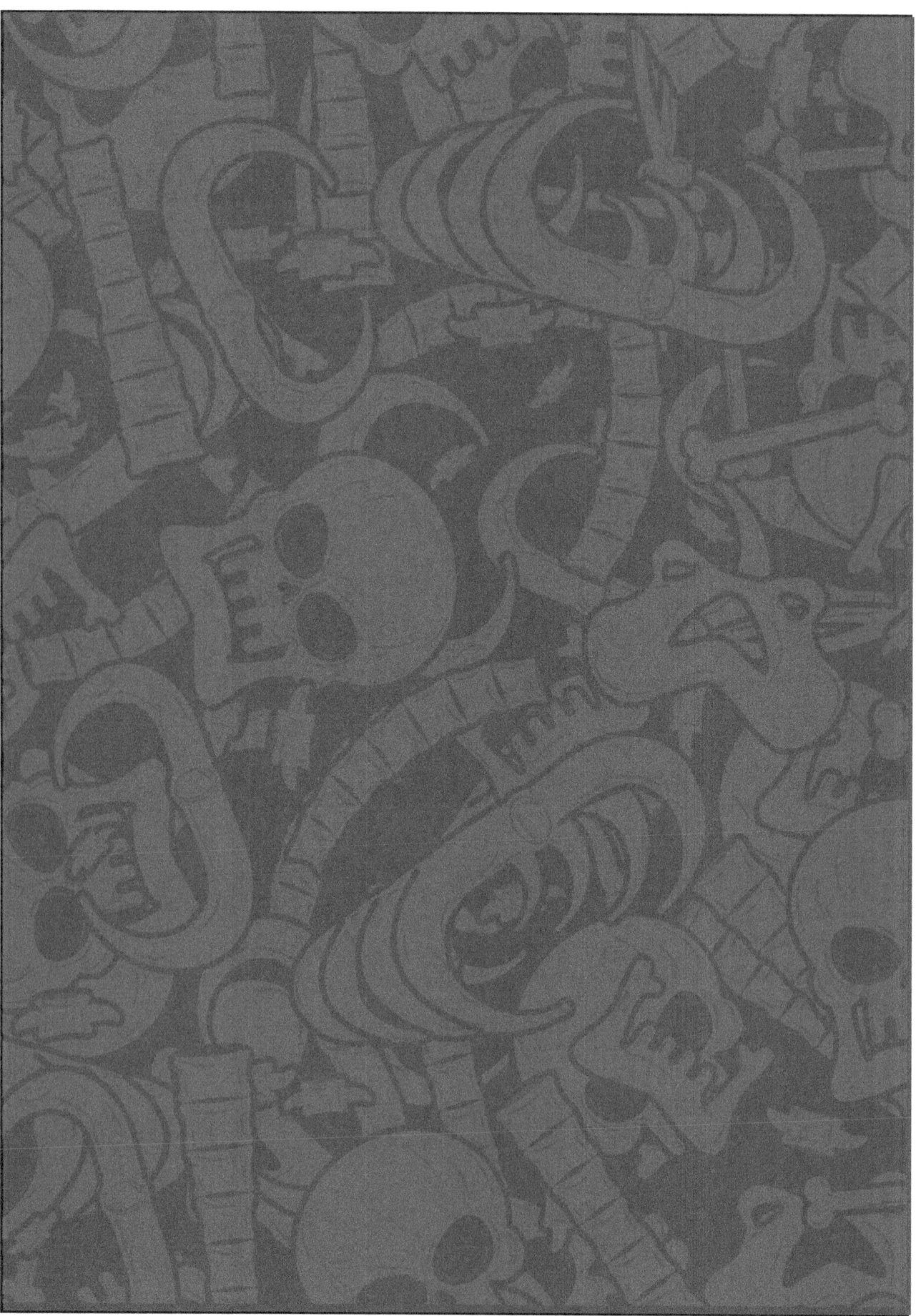

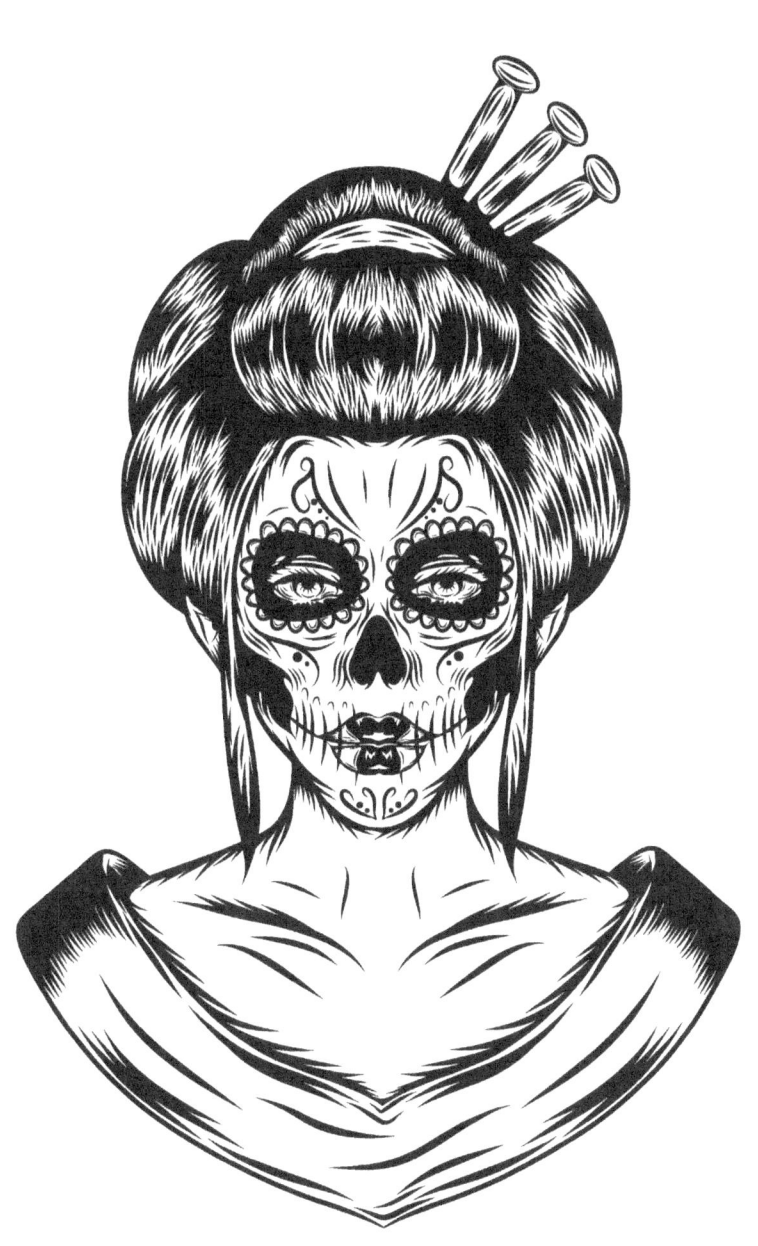

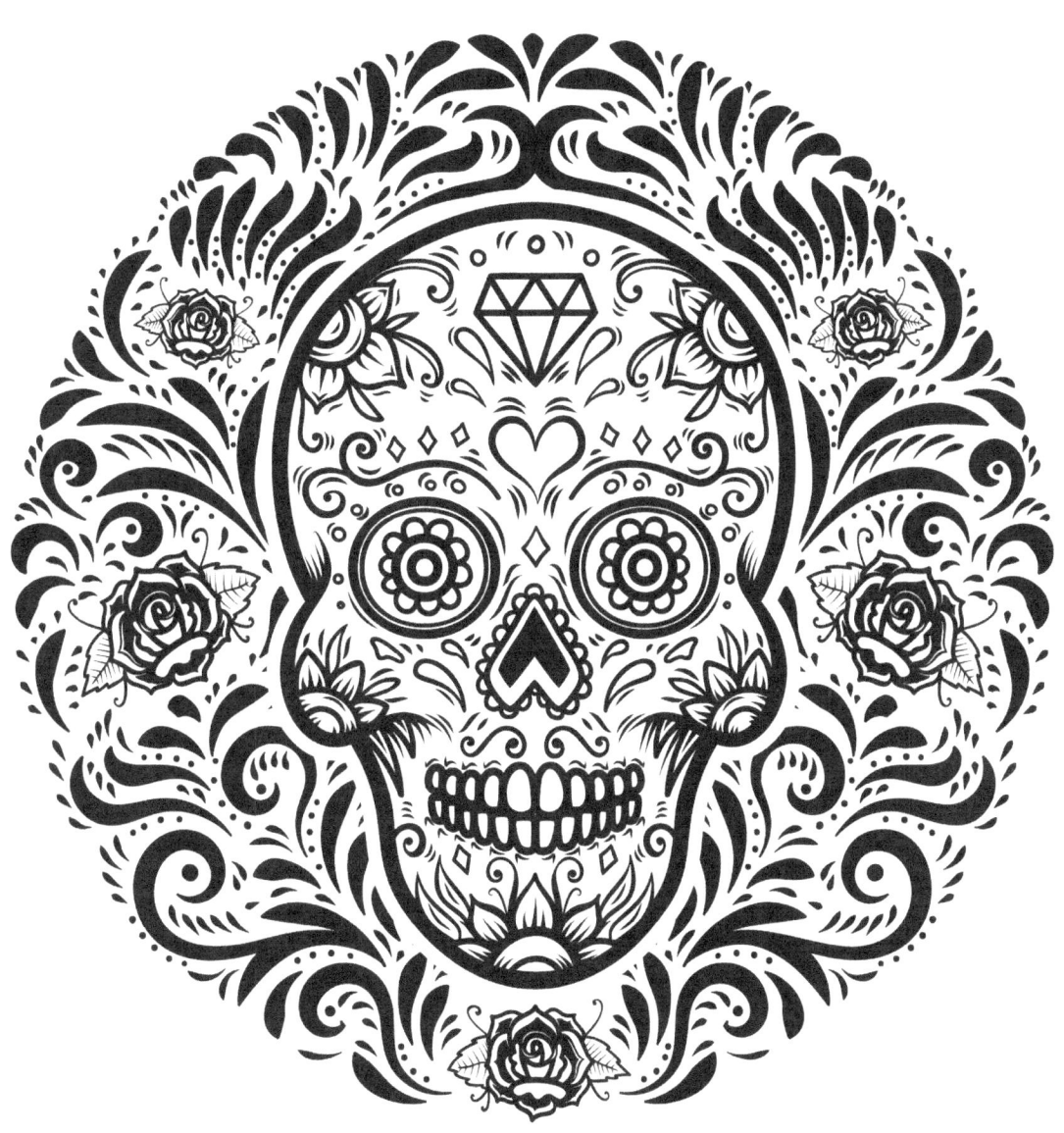

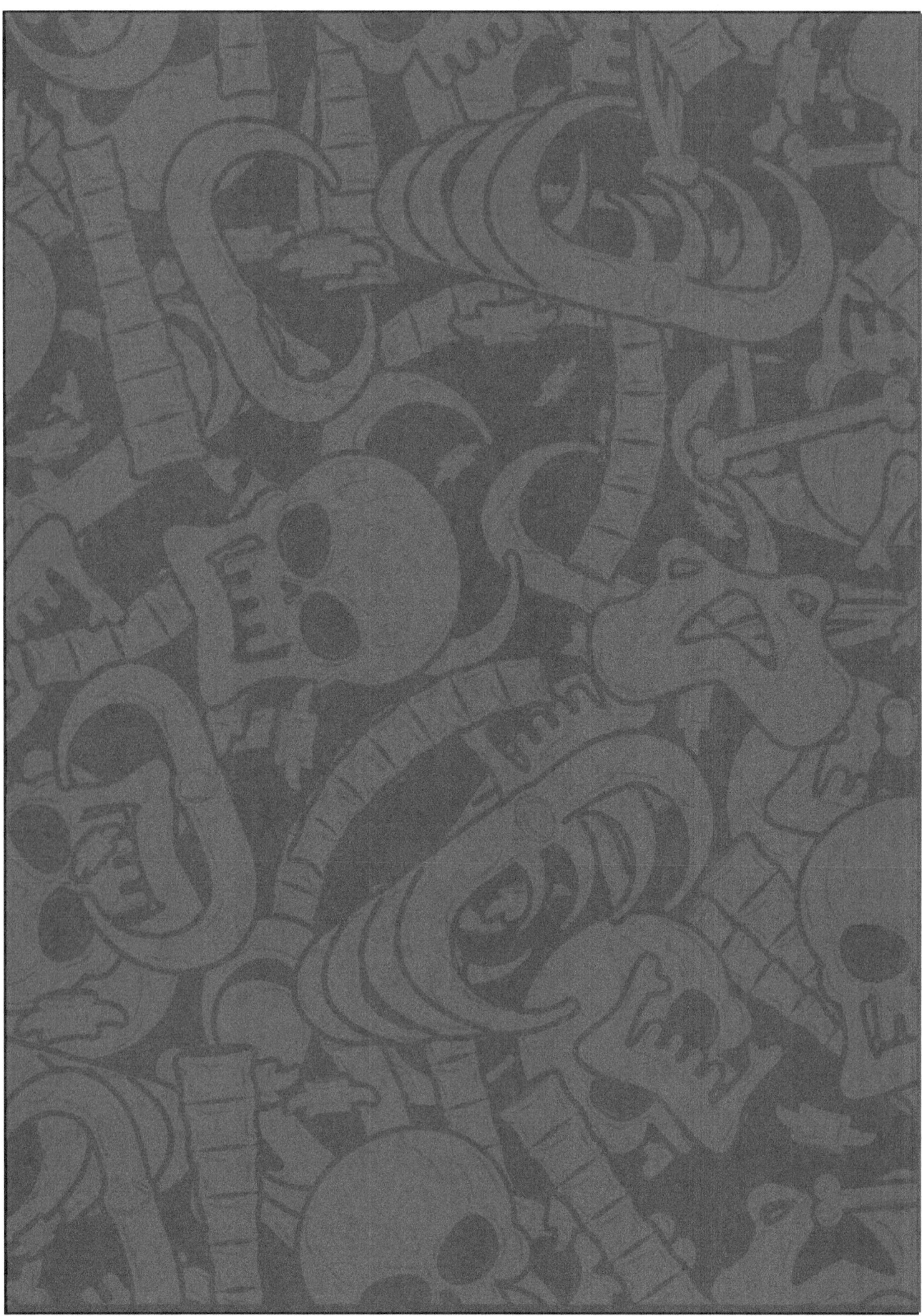

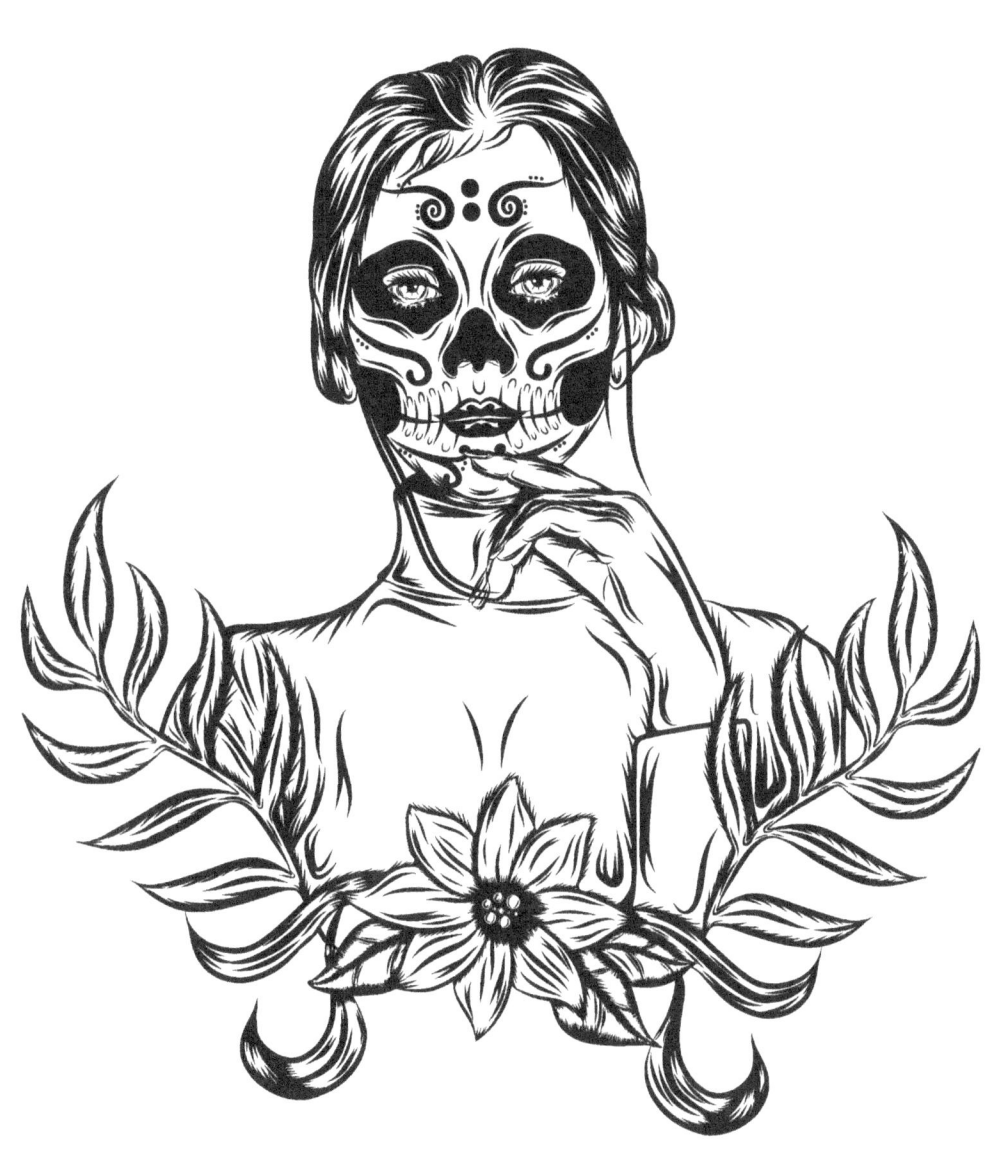

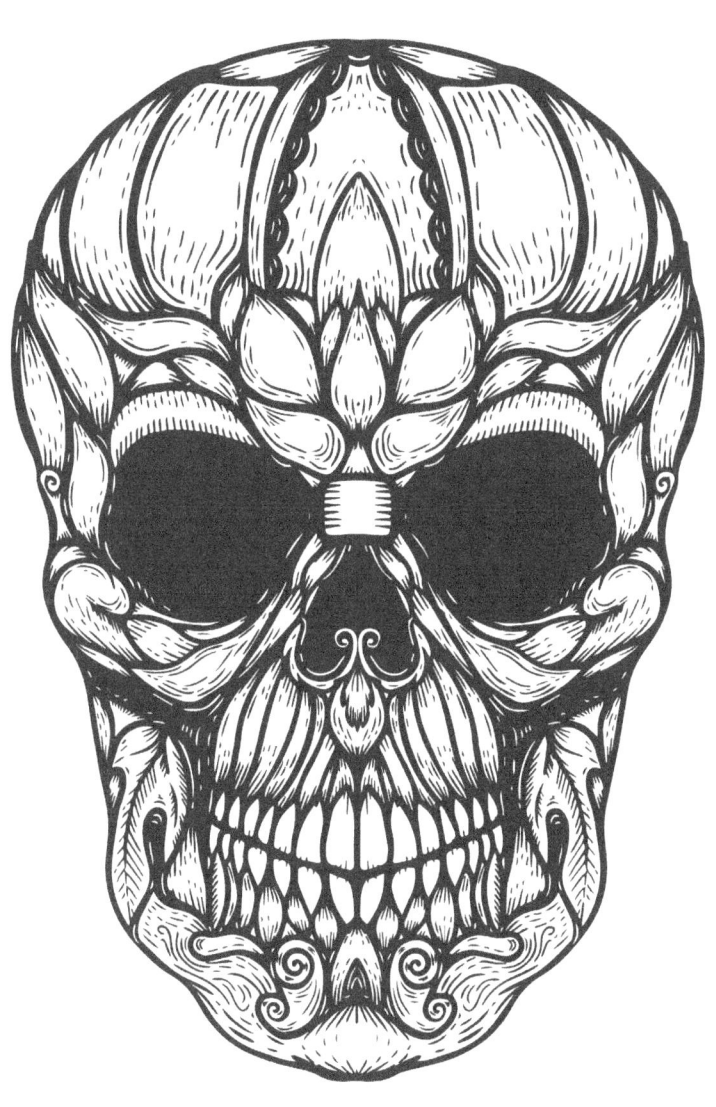

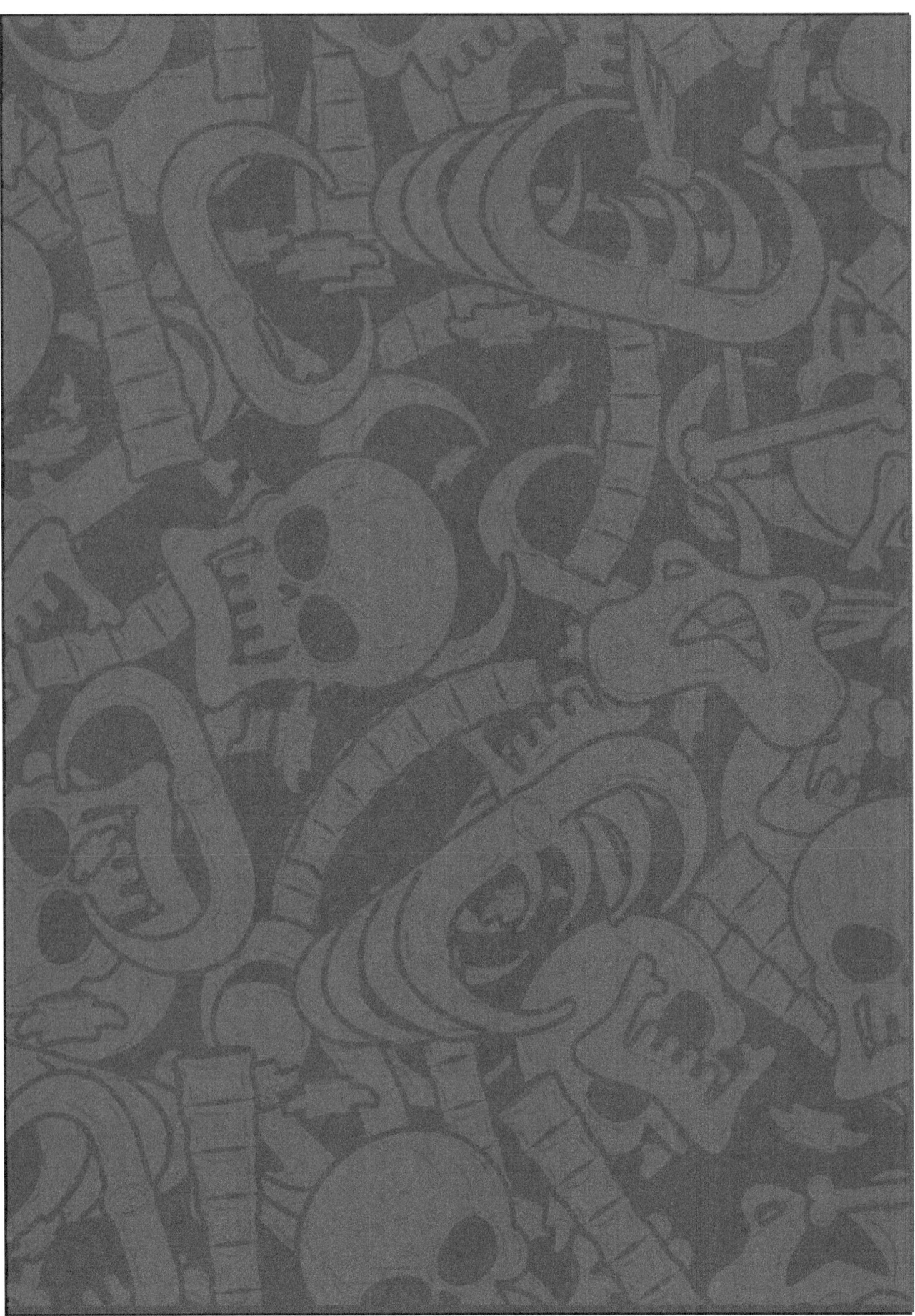

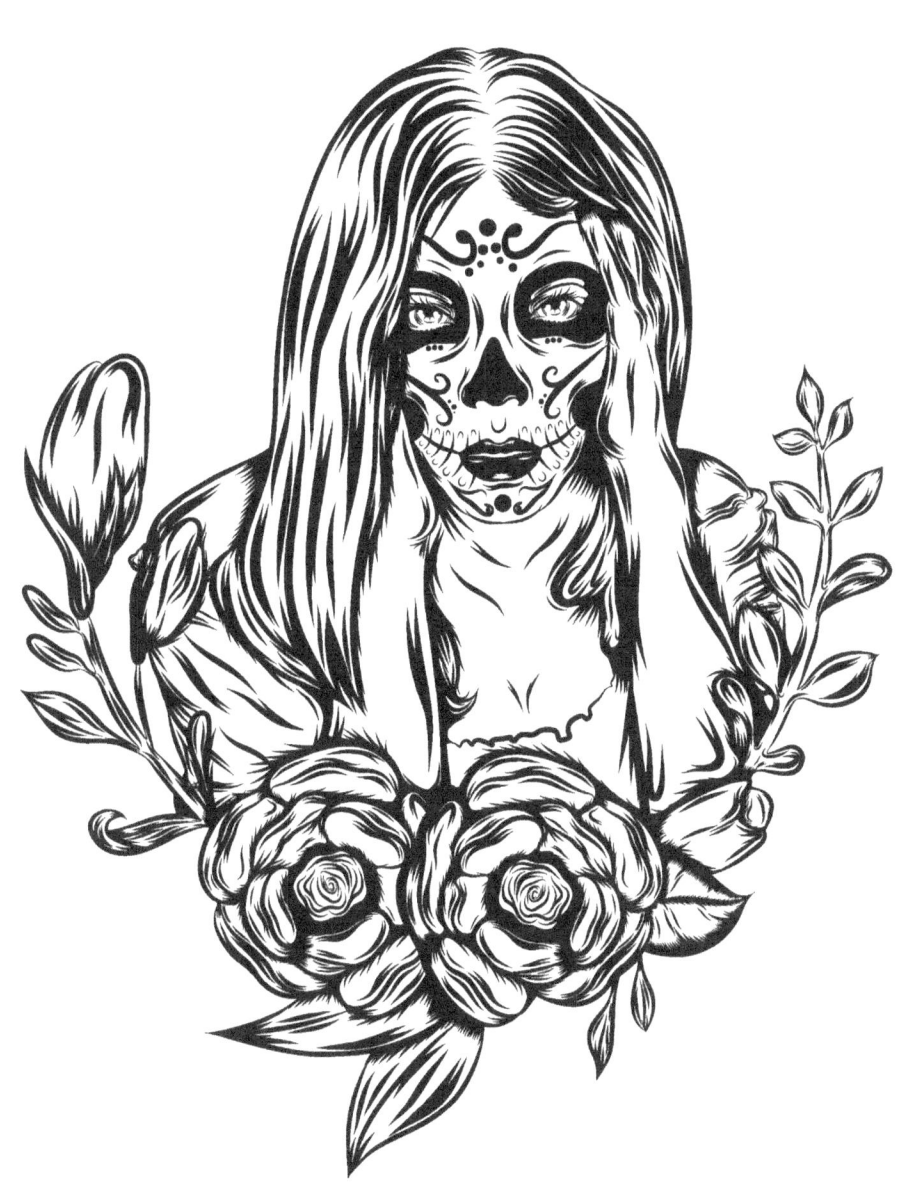

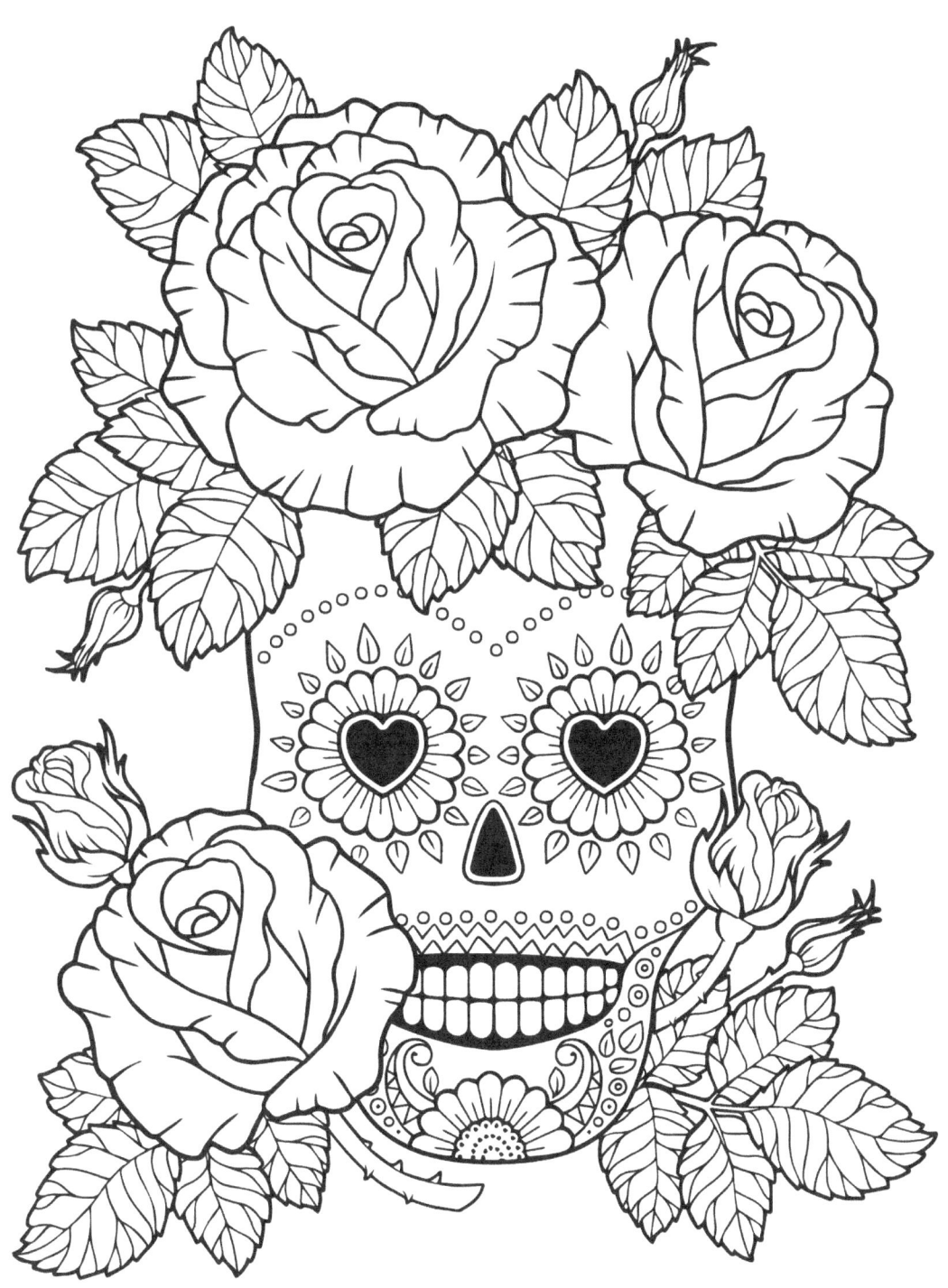

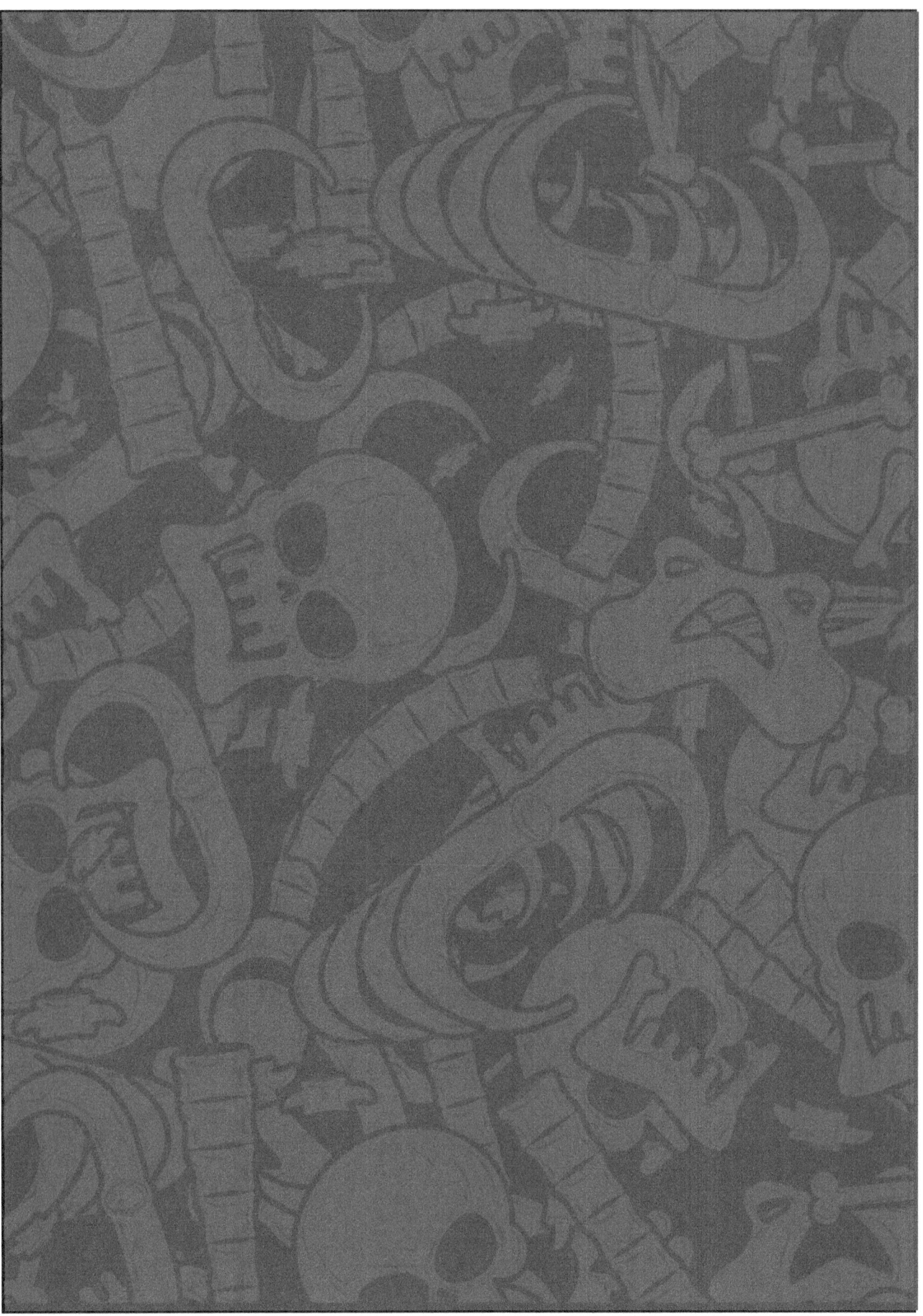

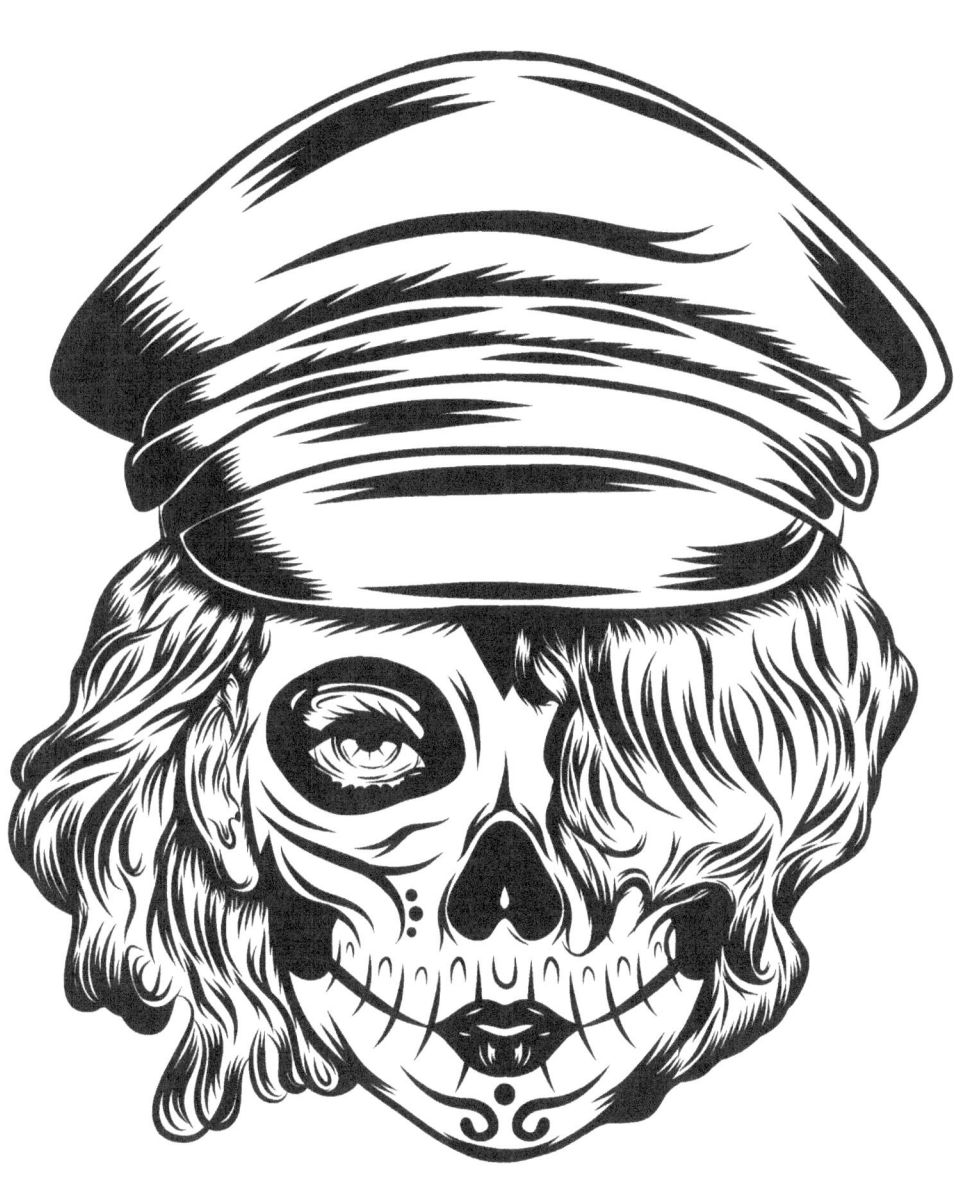

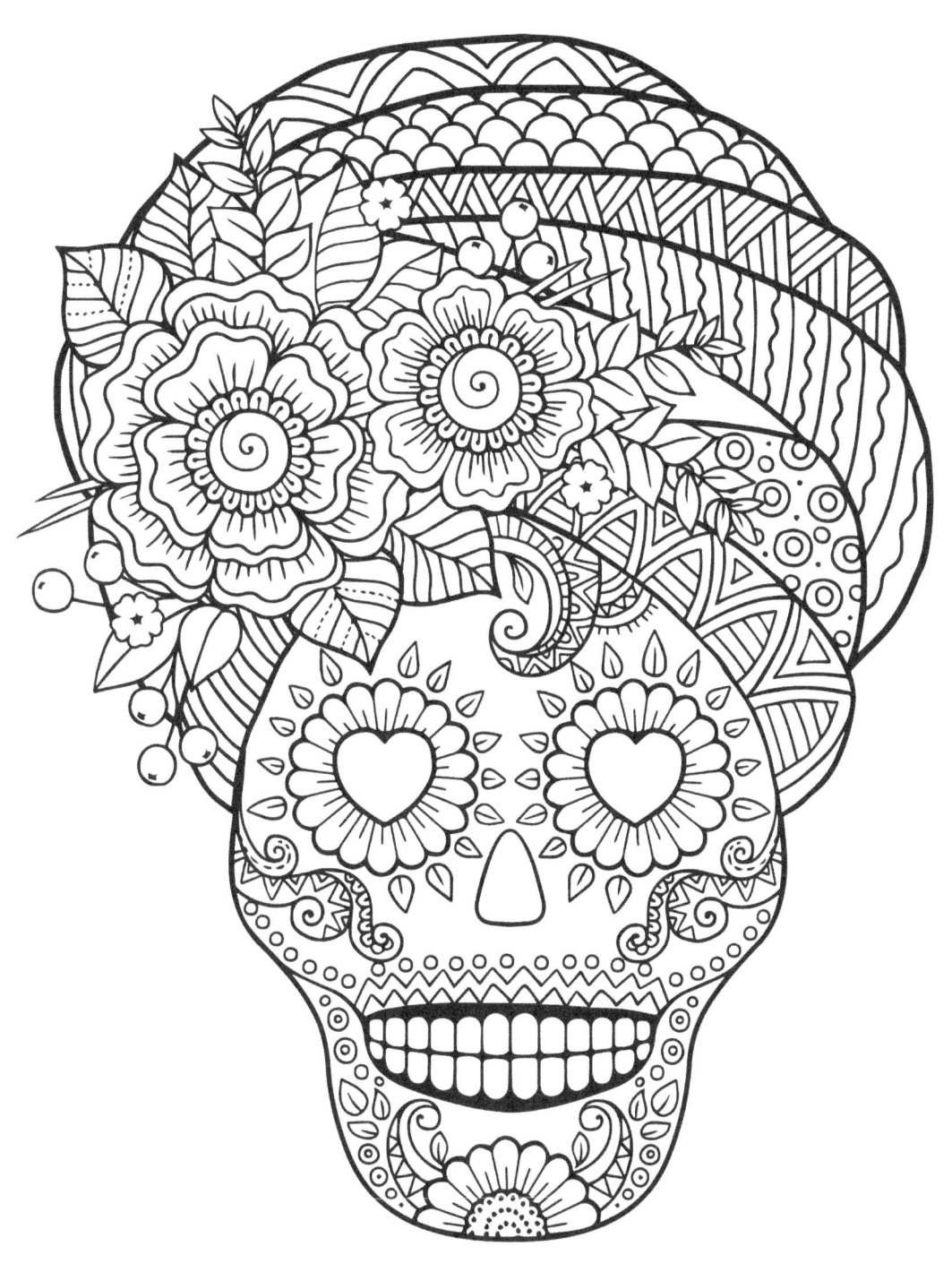

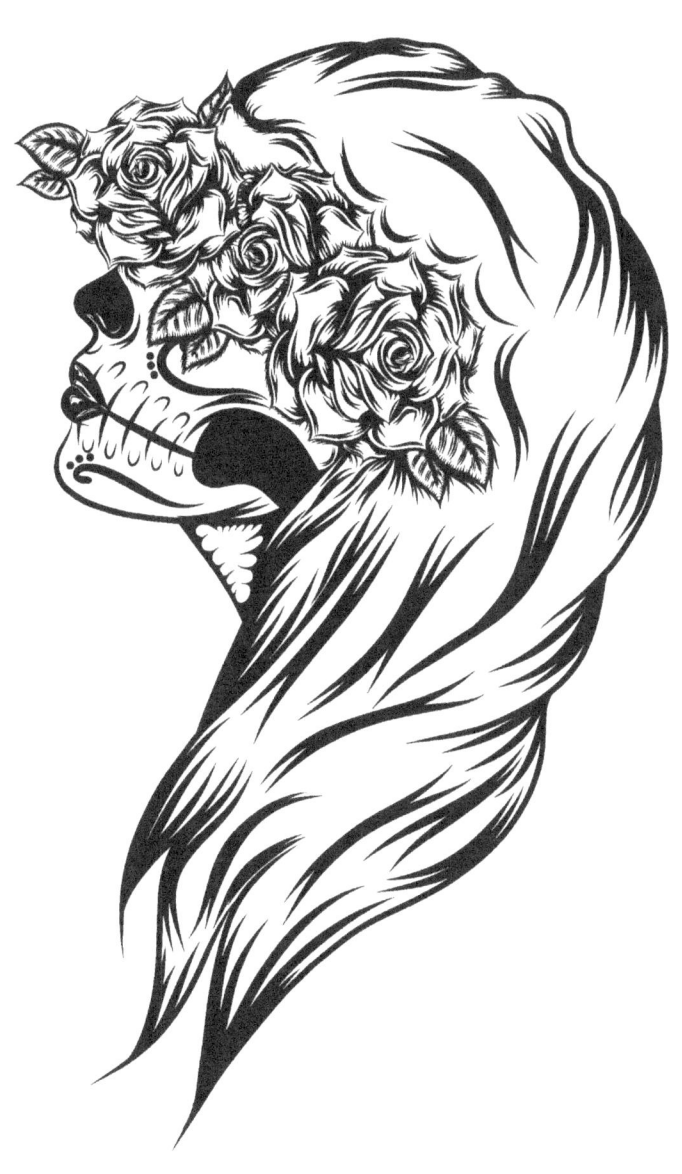

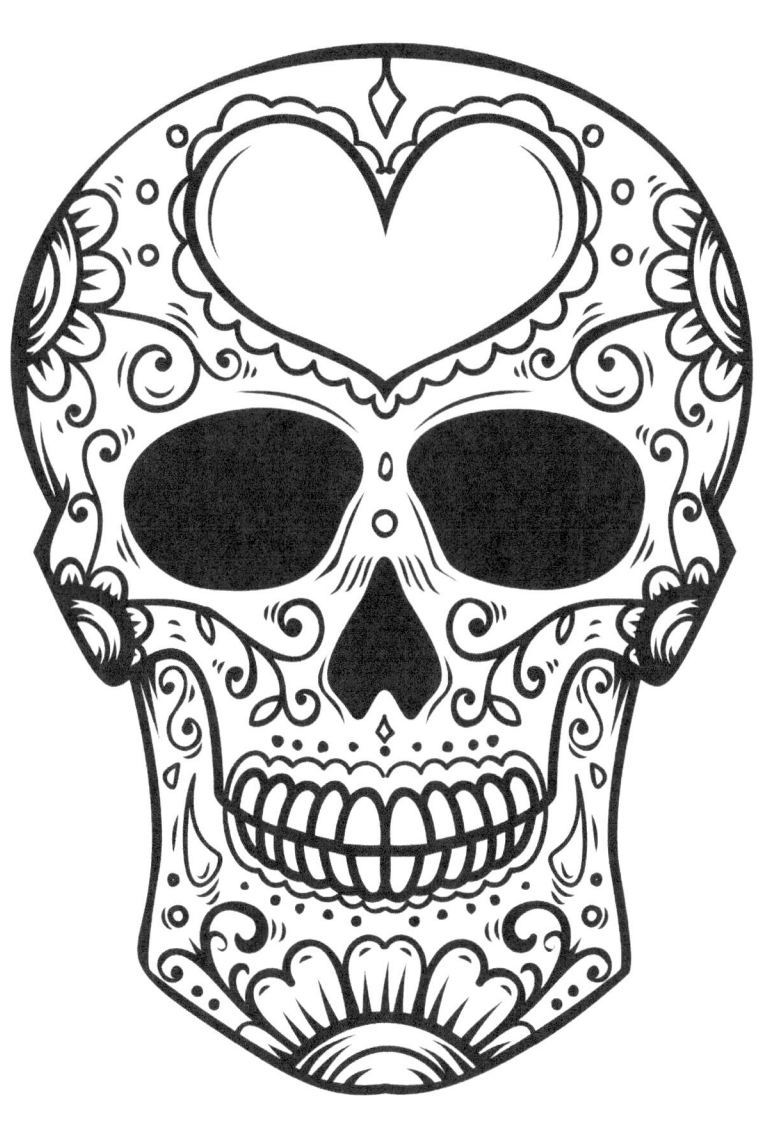

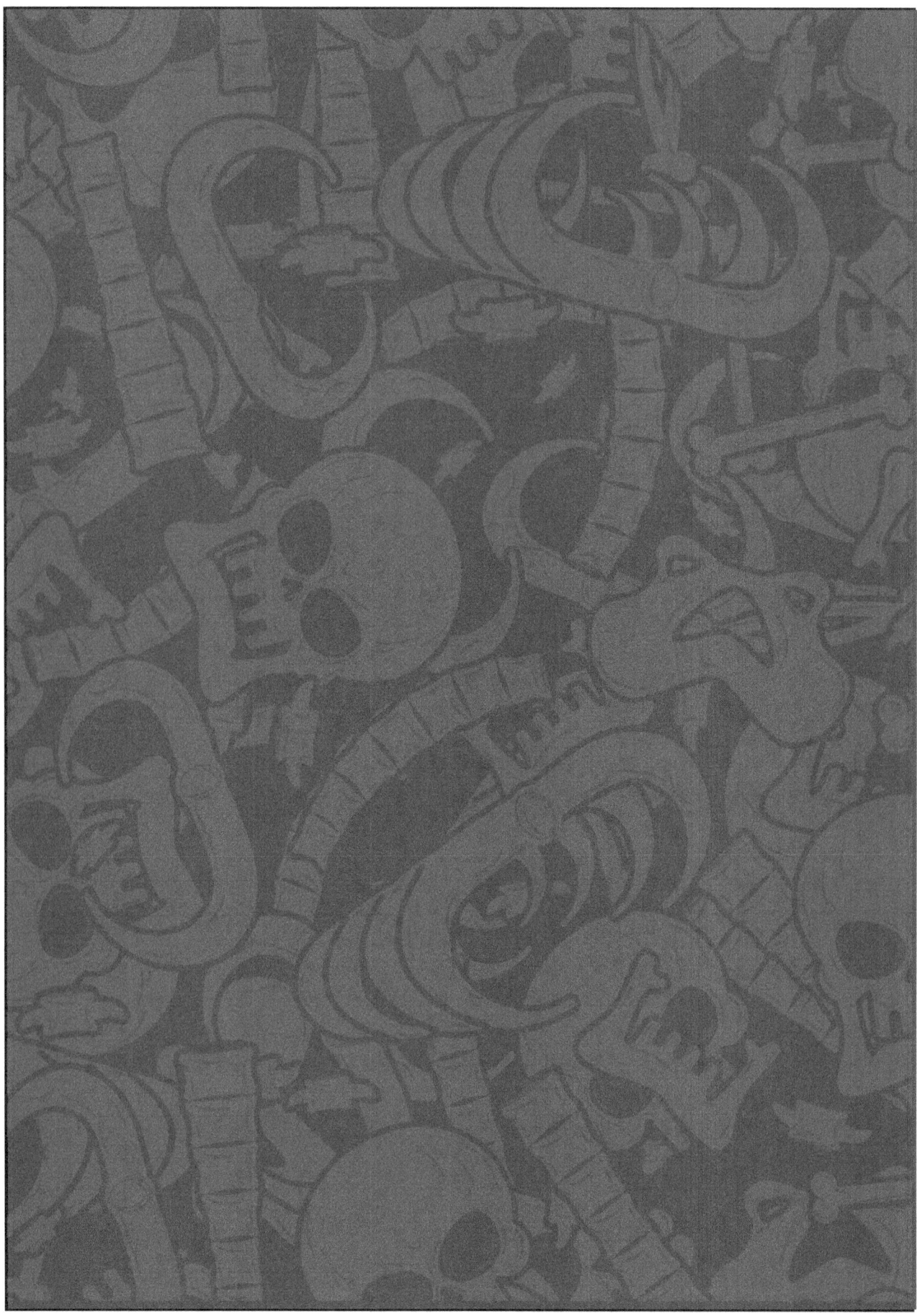

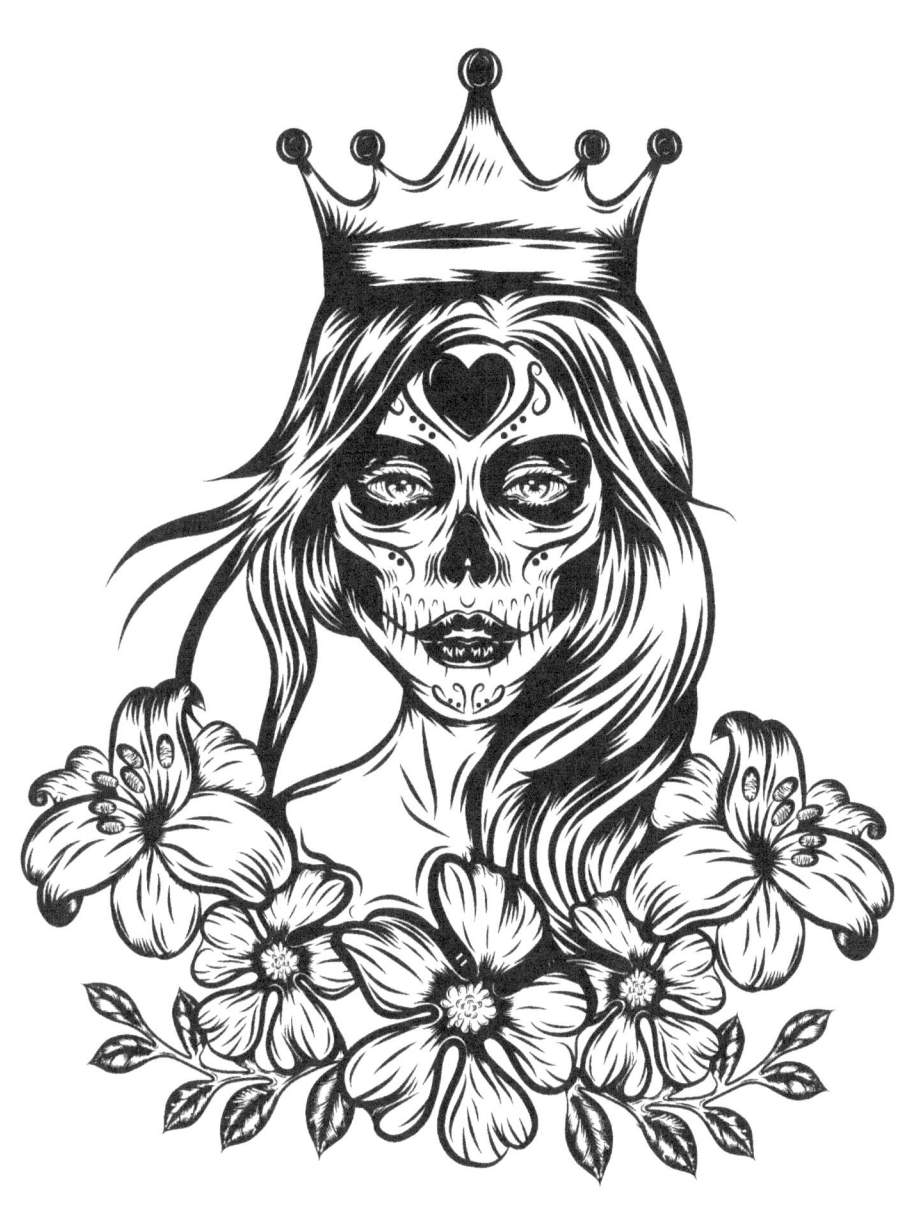

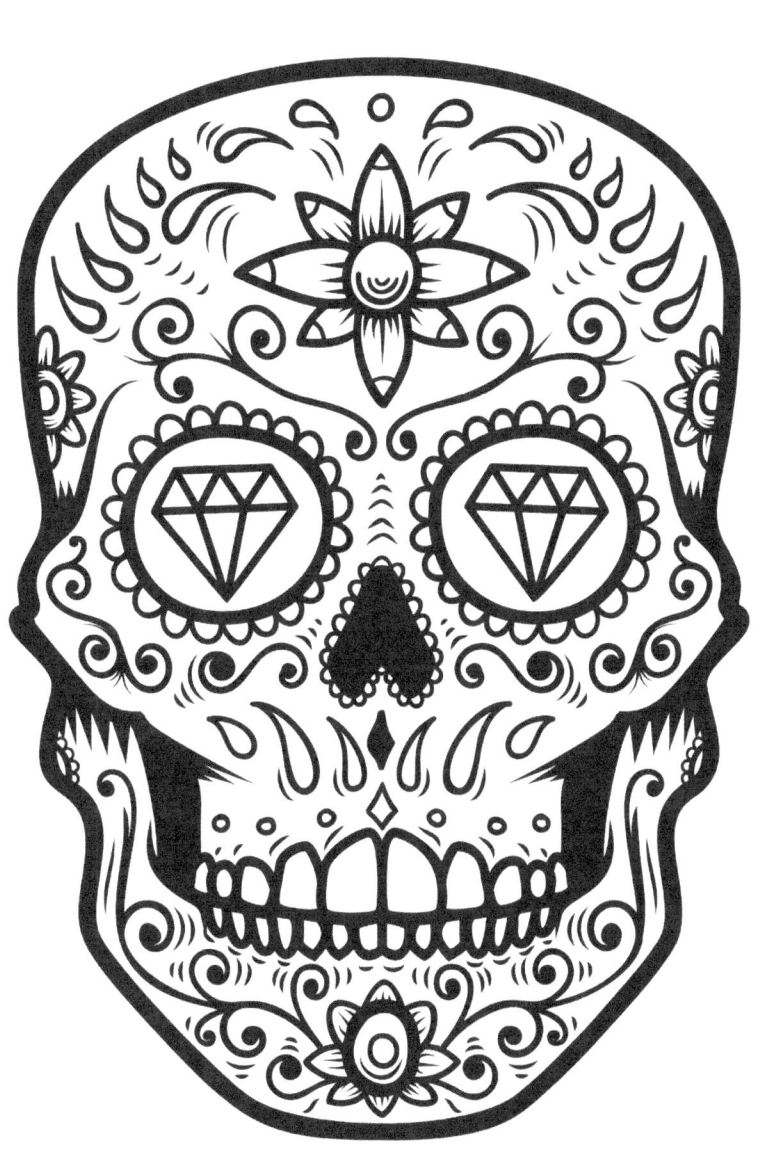

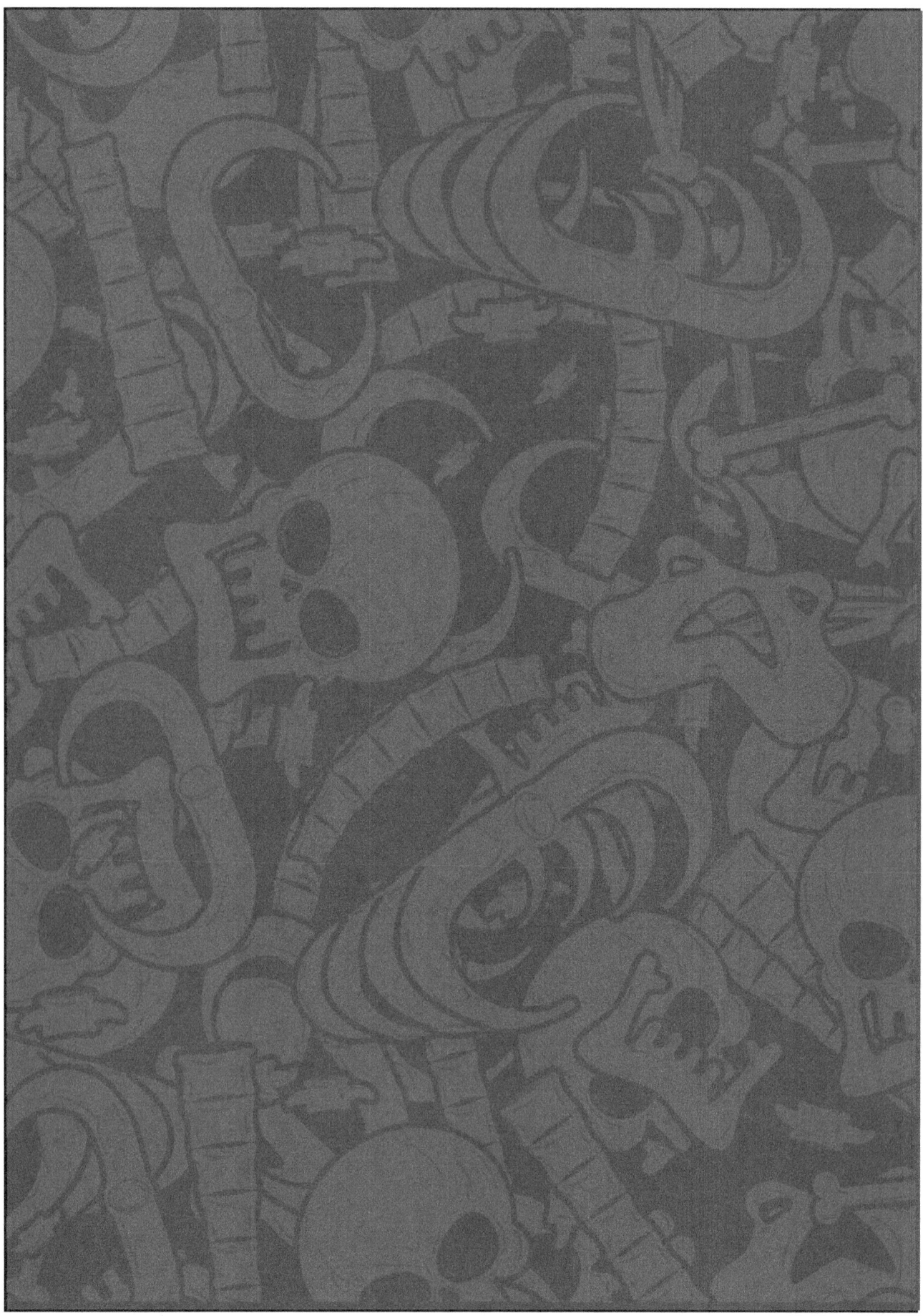

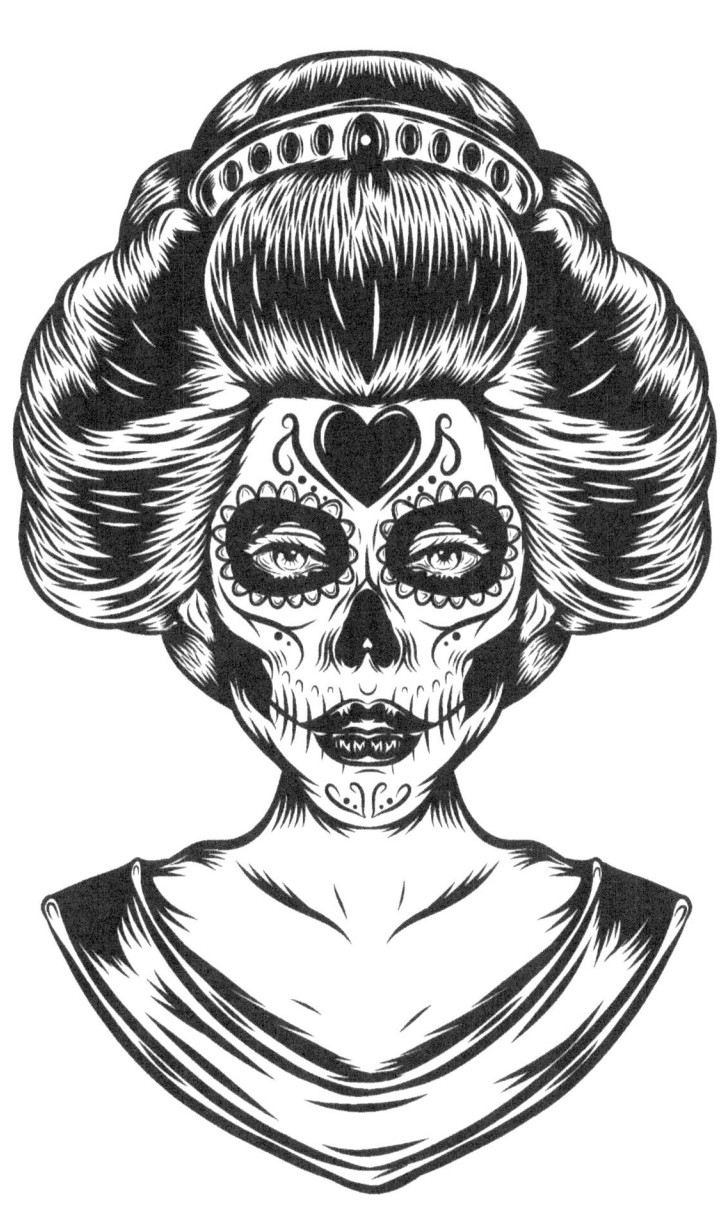

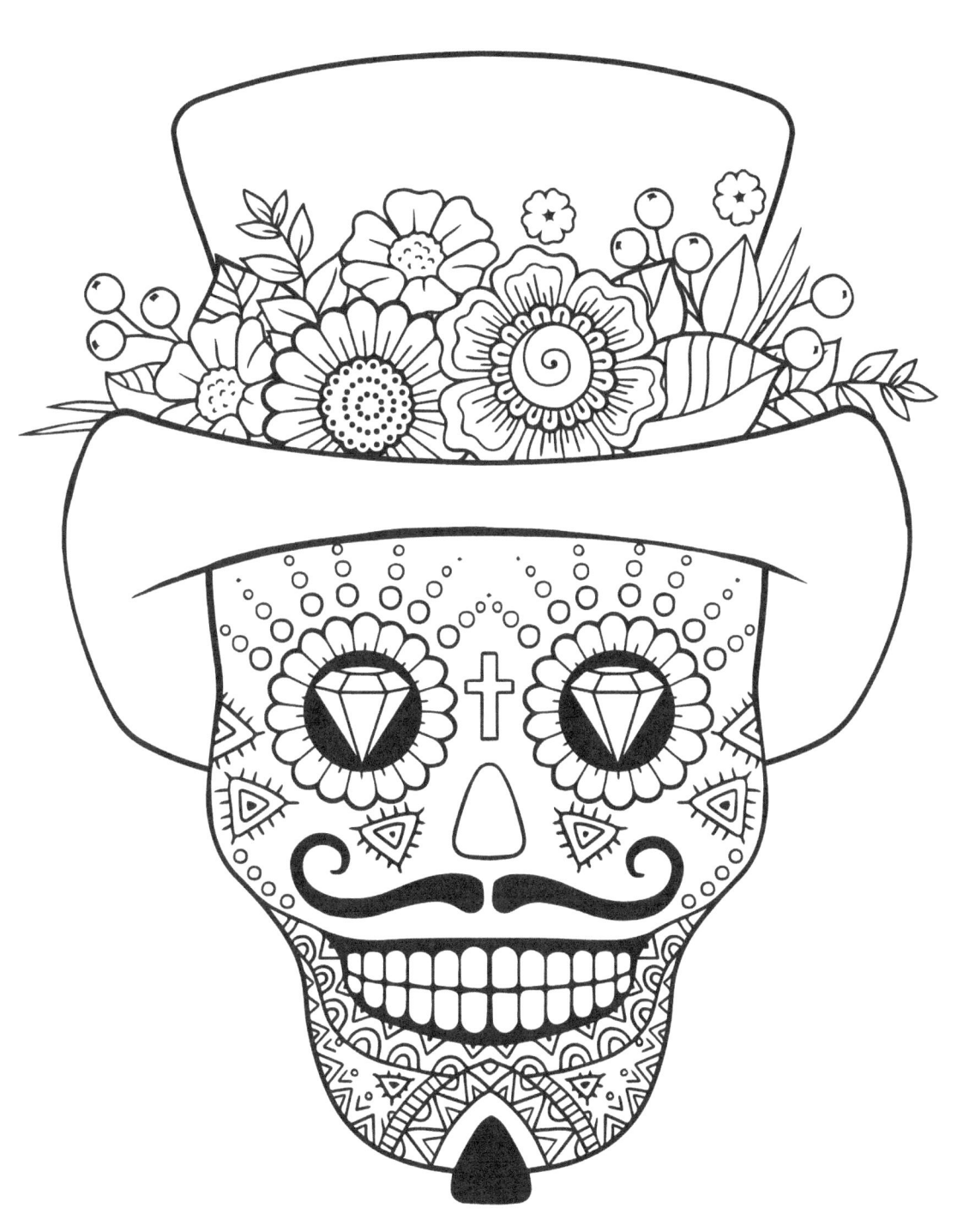

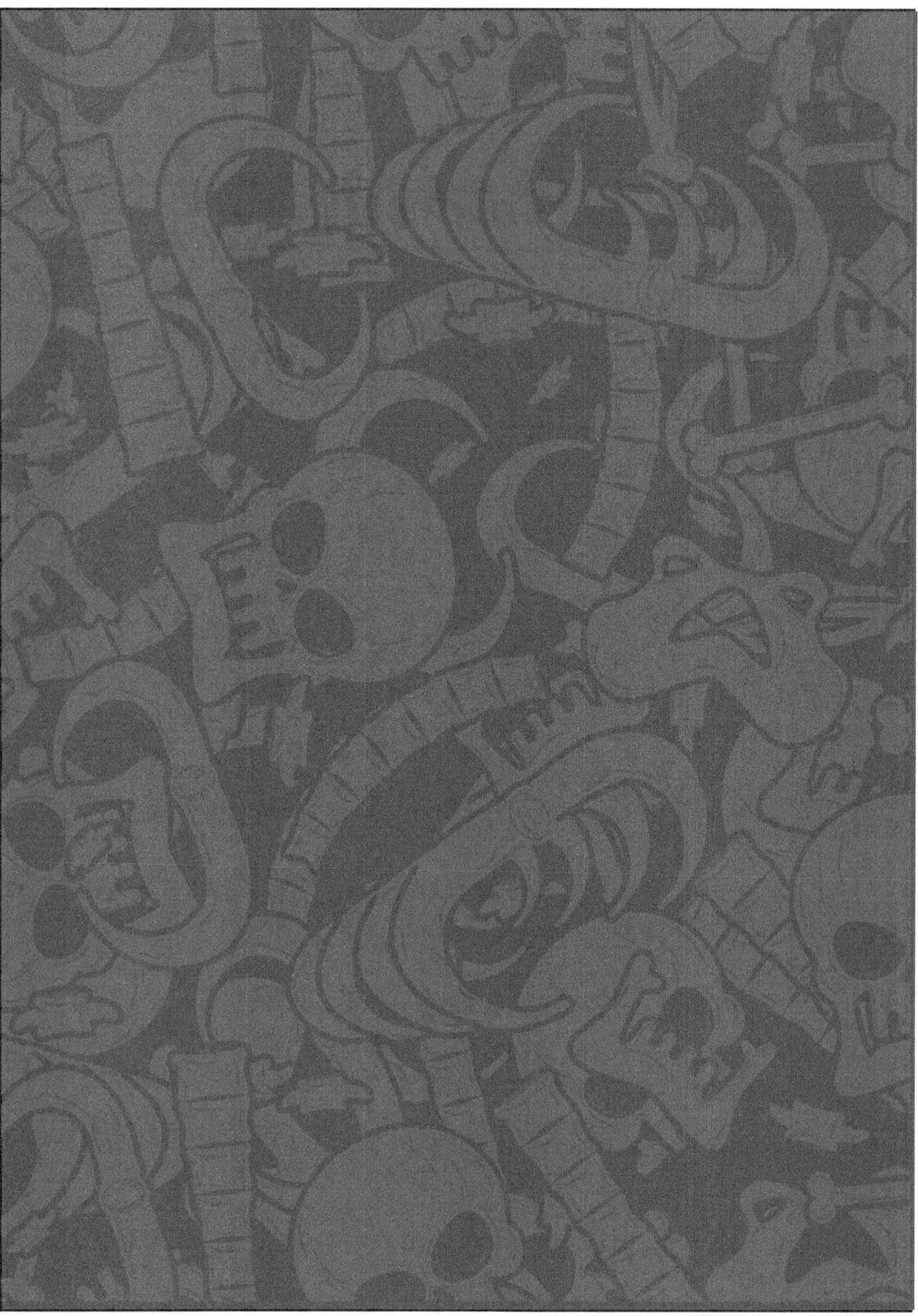

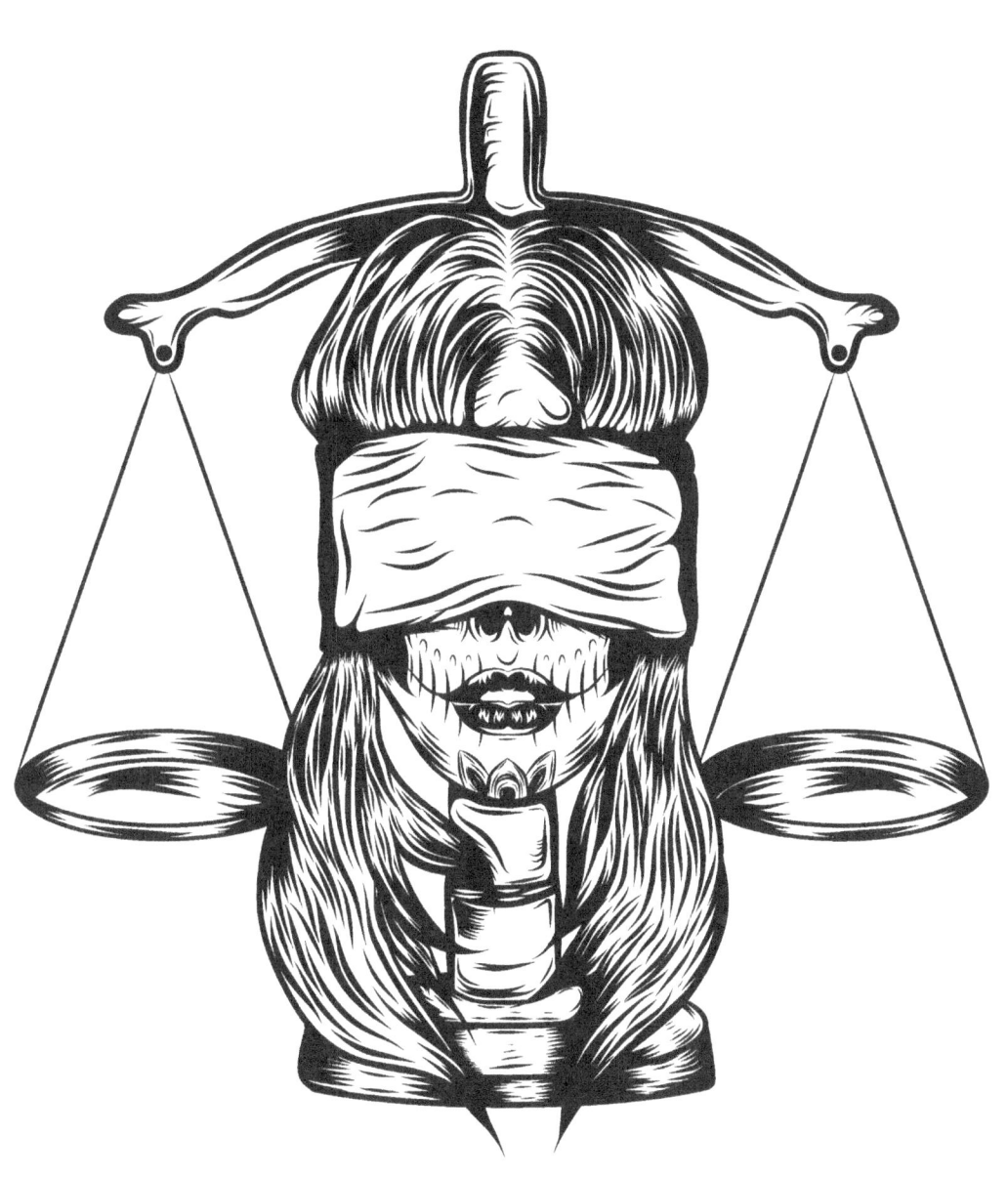

# Obrigado por comprar o nosso livro!

Se gostar deste livro, agradecemos a sua opinião sobre a Amazon.

Para o fazer, vá para a página amazónica deste livro e clique em "Escrever a minha crítica".

## Muito obrigado!

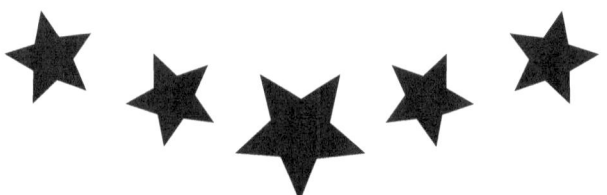

www.ingramcontent.com/pod-product-compliance
Lightning Source LLC
Chambersburg PA
CBHW081003220526
45467CB00008B/2677